# 浪遊日記

## 穿越祕魯
## 古文明之行

Perú

# 推薦序

　　一年前認識作者柯姿慧小姐，是經由淡江大學西班牙文教授曾茂川兄的介紹，當時我還擔任臺灣商務印書館總編輯，曾向他邀稿，希望他寫一本介紹西班牙文世界的書。茂川兄推薦柯小姐，果然不負所望，今天，柯小姐的新書出版了。

　　姿慧專研西班牙文，對西班牙語系的世界不但有興趣，還經常旅行，親身了解西班牙語系的各國文化，尤其是中南美，更是留下了她的許多足跡。所謂「一步一腳印」，凡走過的，必留下痕跡，她在中南美洲當過志工，長期居住過，與當地人有密切的接觸，當然對當地的風俗人情有深刻的認識。

　　祕魯，古印加帝國所在地，如今是中南美洲的一顆寶石，許多企業家、觀光客關注的焦點。印加帝國消失後，這顆寶石曾經埋沒在歷史的土壤中，但是，印加文明並沒有消失，印加帝國的子民仍然繁衍下來，印加帝國的預言仍在流傳，等候適當的時機，再度發光發熱。

　　姿慧親身走過祕魯的窮鄉僻壤，走過印加帝國子民的土地，她的親身經歷和感受，可以讓讀者們有如親歷其境，也可以成為了解祕魯現狀的第一手資料。她曾有意撰寫一系列的中南美洲浪遊日記，相信這些資料對有意經營中南美洲、

或想要親眼看看中南美洲的讀者，必然有所助益。

　　浪遊日記先睹為快，由於我曾預先讀過全文，深受感動，因此乃敢寫序推薦。

方鵬程　謹序

2014 年 9 月

# 作者序

　　古文明之所以精彩，正因為所創造出的奇蹟是現代人沒了科技就望塵莫及，而祕魯的人類古文明也正是缺乏文獻資料記載，使得一些口耳相傳的故事不但豐富人們的想像力，更讓已經出土的古蹟遺址多了些生動的傳奇歷史，目前考古學家們藉由各地挖掘出的古文物和建築，抽絲剝繭細細的拼湊曾在這塊土地上留下足跡的人類過往，不曾間斷的印加考古熱和多年來前仆後繼的觀光潮，祕魯就像一塊大磁鐵般，強力吸引著想一探究竟的人們，而我也正因為對印加文明的憧憬和庫斯科古城的嚮往，再次動身踏上這個國度，促成了此趟祕魯古文明之行。

　　然而，與印加後裔子民「凱楚阿人」的短暫生活，卻徹底改變我對貧窮的定義和看法，或許全球化那種追逐低成本、高利潤的惡性競爭打開了每個人心中的潘朵拉盒子，貧富差距的擴大，改善貧困生活的口號又使得汲汲名利變得順理成章，一些打著慈善招牌的國際組織利用窮人，使用國際志工，有些更是巧立名目，兩頭都得利的方式經營跨國慈善事業，富者本應幫助窮者，但不合適的方式卻使得窮人更是貧窮，甚至間接灌輸了伸手乞討才是最快改善生活的方法，也或許這種治標不治本的奇怪哲學，讓許多善用被標上貧窮地區的有心人士能居中圖利：「惻隱之心，人皆有之」，但

對大多數的人而言，學習如何有智慧的選擇發揮自己的同情心，而不是恣意的表達個人情緒，絕對不是一句「施比受更有福」就可以一言蔽之。

2001 年第一次造訪祕魯，那時深深被純樸及真誠的凱楚阿人所感動，他們對人的信任和彬彬有禮的舉止，這樣美好的印象一直保留在心裡，但十多年過去，人性也跟著轉變，尤其觀光客湧入所帶來的錢潮，讓當地高山部落民族開始學習用金錢去衡量一切。

曾經在聖谷的幾個印加觀光古蹟前，被凱楚阿族小孩當面說成是壞人，只不過是不想買他們手上的紀念品而已，其實心裡由衷希望那只是孩子們的童言童語，然而讓人憂心的是，從小就被父母親當作賺錢工具的小孩們，未來可能用同樣的方式繼續教育下一代，媽媽、阿姨帶著幾個三、四歲小孩，一見觀光客就馬上伸出手來乞討，似乎乞求別人的憐憫和同情就像魔咒般如影隨形跟著世世代代的凱楚阿人，現在的庫斯科街頭和熱門聖谷景點，從老至幼，哪裡有人潮，他們就往那裏去，看在眼裡，總是悲憤大於傷感，要責怪凱楚阿人自己不夠爭氣，還是祕魯政府對於這些弱勢高山民族有欠公道，作為一個外來客，實在不便妄加評論，但看著印加帝國曾經創造出的輝煌歷史以及擁有過的精湛建築工藝，總有那麼點恨鐵不成鋼的感嘆。

一些善用觀光資源的凱楚阿人，他們乾脆順勢開起紀念品店、餐廳和經營小型旅行社、民宿，已經習慣和外來客打交道的他們，久而久之也練就一身做生意的好本領，哄抬價格和欺騙行為不只在安地斯山熱門景點時有所聞，也是整個

祕魯社會屢見不鮮的情況，不只對待觀光客如此，連本地人也遭殃，更遑論偷竊、搶劫的社會新聞。令人惋惜的是今日以金錢當道、利字當頭的祕魯社會現況，不只當地人鑽營名利，外來人也來這裡分一杯羹，國家的環境氛圍完全是被利益、權勢所左右，人與人之間沒有所謂的信任，似乎只剩欺瞞和暴力才是活下去的生存之道。

　　祕魯壯麗山河的磅礡、漫漫黃沙的深幽和古文明風采的神祕，無疑就像上帝恩賜的禮物，得天獨厚的地理環境和人類發展歷史，從海岸古文明、高山人類文明乃至西班牙人的殖民文化，加上近代亞洲新移民所帶來的家鄉文化，多元豐富的人文色彩讓這個美麗的國度更是錦上添花，或許真如印加人的信仰中，大地之母（Pachamama）一直默默守護著這塊孕育滋養祕魯人的土地，不過人心的轉變和慾望無止盡的追求，唯恐有朝一日也將使得山河變色。

　　這個總是帶點神秘色彩的國家有著絢爛輝煌的古文明，除了聲名遠播的印加文明外，已經出土和陸續出土的新發現更是耐人尋味，也讓人不由得引頸期盼下一次的探訪，或許與祕魯有種不解之緣，雖然遠在地球另一端，但對她卻念念不忘，是一種情份，就像惦記著老朋友般，讓我總懷著一股後會有期的思念。

# CONTENTS

# 1.

## 印加聖谷（Valle Sagrado de los Incas）

# 享受孤獨的自由

## 烏瑪斯邦巴（Umasbamba）村莊與凱楚阿人零距離的接觸

　　到達烏瑪斯邦巴村莊時正值雨季，雨水中夾帶著淡淡的泥土香和農村特有的氣味，第一個閃過腦海的影像，竟是黑白照片裡，那個曾經見過的四、五〇年代農業的台灣，來不及趕上的時代，但卻又那麼熟悉，這個世世代代以農維生的村莊，徹底滿足我的好奇心。

　　烏瑪斯邦巴村莊距離庫斯科約一個半小時的車程，附近最大的市鎮為琴伽羅（Chinchero），是當時印加帝國在聖谷內非常重要的農業大城，海拔將近三千八百公尺的高度，讓這片區域成為印加聖谷裡最高的一區。離村莊步行約半小時的比烏拉伊湖（Lago Piuray）提供庫斯科地區居民的用水，直到今日，仍有不少探險家堅信，湖泊內藏有的大量金銀財寶，就是當年印加帝國「失落的黃金」，也曾經有人下水打撈，不過最後當然都是無功而返，不管比烏拉伊湖中是否藏有令探險家朝思暮想的黃金寶藏，對我來說，她把烏瑪斯邦巴點綴的更加生動，不但讓鄰近幾個村落孩童有個玩水、撈魚的好去處，留下美好的童年時光，更讓農忙時期的村莊擁有片刻的寧靜。

　　位於安地斯山脈的聖谷地區屬高原山地型氣候，年平均

通往烏瑪斯邦巴村莊教堂的一條小徑，兩層樓的土坯房在印加聖谷的農村部
落非常常見，當地人告訴我，由於土坯塊比較重，加上好幾個月的雨季，所
以不適合兩層樓以上的房子；另外，由於高山型氣候的影響，入夜後的體感
溫度接近零度，土坯房結構確實能保持室內的溫暖。

1. 驢為烏瑪斯邦巴村莊與附近村落往來的主要運輸工具，尤其以載送牧草、馬鈴薯及一些木材為主。
2. 綁著長辮子的凱楚阿族婦女。

溫度不到二十度，白天縱使有陽光露臉，一件薄外套也是少不了，一年無四季之分，只有雨季和乾季兩種季節，雨季通常開始於九月，持續至隔年三月，這段期間也是當地農民最忙碌的時間，不過由於氣候變遷的影響，四月天仍可見到間歇性大雨，就在前幾年，一場傾盆大雨造成烏魯邦巴河（Río Urubamba）暴漲，不只造成農作物損失，更沖毀了好幾個地勢比較低窪的村落，人員傷亡慘重。烏瑪斯邦巴村莊所在的琴伽羅地區（Distrito de Chinchero）主要農作物為馬鈴薯，其餘聖谷地區所種植的玉米、甘蔗和藜麥也都是最有價值的經濟作物。有些資料顯示，目前在聖谷內仍種植高達三千多種不同品種的馬鈴薯，身處馬鈴薯故鄉的聖谷，平日三餐不管是水煮、油炸、切絲還是磨成泥，餐餐都少不了它的蹤影。

　　整個烏瑪斯邦巴村莊居民不到一百四十位，大部分都有親戚關係，主要為印加子民後裔凱楚阿族人（Quechua），當地語言以凱楚阿語和西班牙語為主，人民信仰天主教，然而

比烏拉伊湖（Lago Piuray）湖畔的頑童，附近村落小孩趁著雨季時難得的陽光，在湖畔結伴撈魚玩耍。

除了作禮拜上教堂，每年六月的太陽神祭典，當地的凱楚阿族也從來不缺席。在凱楚阿族的信仰裡，太陽神和聖母瑪利亞一樣重要，他們也歌頌三項口耳相傳的神聖戒律，為人處世「不可偷懶、不可盜竊、不可說謊」，在這個曾經經歷過西班牙人掠奪的地方，處處可以看到宗教及文化的兼容並蓄。

　　在烏瑪斯邦巴村莊短短停留一個月，與其說是文化志工行，不如說是趟心靈探索之旅，感官上獲得的遠比實質付出的多，遠離了都市的塵囂，自然的放下了心裡的慾望枷鎖，簡單的生活似乎讓人更能知足常樂，越貼近大自然的生活，也越能體會活在當下的可貴，雖然生活條件談不上富足，卻讓人開始了解知福惜福的真諦。

　　不過，剛到之初，三千八百公尺的高山地形加上沒有熱水，讓我這個習慣「現代化」生活的外來客確實吃了不少

苦頭，幸運的是沒有高山症，免去了身體不適之苦，但每次的盥洗都像是在山上野營一樣，從準備打水、生火到梳洗，至少都得花上兩、三個鐘頭，再加上使用熱水來洗澡，對當地人來說是件再奢侈不過的事，平常日子裡，他們只在參加重要慶典、集會前，才會把頭髮重新梳洗整理過，至於洗澡也是久久才那麼打理一次，所以為了避免打擾寄宿家庭的生活，我選擇入境隨俗，但在這麼冷的天氣裡，一星期的一次熱水澡，對我來說，已經是極限了。

村莊裡只有兩間雜貨店，每樣東西都是零售小包裝，雖然種類不多，但如果臨時想買個蛋、小餅乾或者基本生活用品像糖、鹽、衛生紙，在這還是找得到，營業時間通常不固定，但由於老闆住家就在店的隔壁，所以只要用力敲敲店門，就會有人出來營業，其實這兩間雜貨店乍看之下很像凌亂的倉庫，但也不失為這個小村莊提供生活上的便利，因為大概也沒有人願意花上來回一個小時的時間進城，就只為買一顆蛋或一包鹽。

雨季的烏瑪斯邦巴非常泥濘，有經驗的當地人提醒我要從庫斯科買雙雨鞋過去，還好有事前的準備，讓自己才能免於陣陣大雨後，身陷爛泥堆裡動彈不得的窘境。原本還曾幻想遠離城鎮的農村生活是多浪漫、多愜意，然而現實生活中，大雨過後的放牧牛羊，走在田埂上，除了要避免濕滑跌倒外，還必須閃躲已經看不出是泥巴，還是新鮮的牛屎馬糞，平日裡農家子弟們再平常不過的割草、翻土和播種，卻讓我一籌莫展，完全沒有路標指示，只憑個人方向感的農村小徑，讓我第一個星期常常找不到回家的路，田野間第一次

聽到公牛們互相宣示地盤的嘶吼低鳴聲，嚇到我只能站在原地動也不動，夜間烏漆抹黑，沒有路燈的鄉間泥土路，手裡拿著手電筒，竟然還是一腳踩進田埂邊的排水溝，找了半天才把腳上不見的那隻鞋從爛泥巴裡挖出來，窘態百出的「城市鄉巴佬」橋段，活生生在自己身上上演，加上從沒真正體驗過高山農村生活的我，抵抗不了屋裡屋外的跳蚤，以及高海拔地形那種晚上接近零度的體感溫度，打掃了環境衛生，拿了六條毛毯外加一個睡袋，夜夜還是冷到無法入眠的景況，剛到的前幾天算是上足了震撼教育課。

抵達村莊兩個星期左右，就已經見過村裡大部分的人，平常時間除了幫忙寄宿家庭放牧和餵食牛羊，偶爾也會打掃庭院及參與村里的一些活動，雖說是志工工作，但短時間內其實也幫不上什麼大忙，反倒是人生另一種難得的文化體驗。

二月份服務期間，剛好碰上一年一度的嘉年華會，整個村莊的婦女為了這個慶典忙得不可開交，除了每天彩排練舞還得準備美味佳餚。依照當地琴伽羅（Chinchero）地區的傳統，附近每個凱楚阿村落都需在嘉年華會的最後一天提供一道傳統菜餚作為比賽，當地人視這項比賽為榮耀，更是一項可以凝聚村落向心力的賽事，所以男男女女不分老少全部動員，讓大家在農忙的季節裡增加不少趣味，而我也與有榮焉，能與烏瑪斯邦巴的每位村民一同分享嘉年華會的歡愉氣氛。

慶典期間的拜訪，不管是走在大街還是小巷，常會有大人、小孩出其不意向路人噴灑混了顏色的泡沫和麵粉，如果多帶了換洗衣物就與他們同樂，如果真的不想被沾濕，就清楚地讓對方知道，或許他們會放大家一馬，不過，當地村民

偶爾也會爆發玩過頭的小插曲，尤其是年輕人，兩方人馬互看不順眼，街頭上就開始上演你追我跑的戲碼。

　　嘉年華會當天，寄宿家庭的男女主人一直到凌晨時分才回到家裡，平常他們八、九點便就寢了，據說那晚的慶典結束的相當晚，大夥兒被不同村莊的計程車司機刁難加價，所以一夥人寧願等待村裡大家都認識，也是唯一的一位司機前來載客，雖然對於這種趁人之危的索價方式難免有些抱怨，不過難得的夜生活也讓村落的每個人意猶未盡。

　　嘉年華會的另一項重點節目「舞蹈」，在凱楚阿族的村落裡是絕對少不了，傳統舞蹈也因地區不同而有些許變化，琴伽羅地區的舞蹈通常可分為男生團體獨舞、女生團體獨舞和男女混搭舞蹈，內容從祈禱來年豐收、日常飲酒作樂、祝福村民平安健康到年輕男性求偶都有。其中嘉年華會主要重頭戲，就是大家圍著一棵大樹不斷的繞圈跳舞，直到最後同心協力把樹砍倒，樹倒下的瞬間代表來年萬物會再次重生；特別值得一提的，在求偶舞的團體舞蹈中，凱楚阿族男子全都穿著女裝上場，聽當地族人說起，傳統上男女授受不親，男子們為了接近自己心儀的女子，只好穿上女裝混在慶典舞蹈當中，讓心儀女子的父母不容易辨認出性別，以方便自己接觸朝思暮想的女孩及增加相處的機會，當然現代的年輕凱楚阿族男女已經不再用這麼麻煩的方式認識對方，雙方都可以在婚前自由選擇自己交往的對象，但舞蹈仍保留這個有趣的傳統。

　　烏瑪斯邦巴村莊被列為「古印加文化巡禮」觀光行程中的一個歷史景點，觀光客除了來此用餐外，也可以欣賞到當

琴伽羅廣場的嘉年華會慶典，每個人不斷繞著樹跳舞，在慶典結束前必須把樹砍倒，當樹一倒下，村民就會蜂擁而上，把綁在樹上的一些禮物（通常為生活日用品，像是臉盆、塑膠椅、衣服、包包、玩具……等）搶奪一空，當作戰利品也是幸運物，所以有時會看到幾個大男人為了搶這些東西誰不讓誰，爭得面紅耳赤，不過通常都以和平收場。

1. 琴伽羅廣場的另外一頭，每個村落的凱楚阿族都盛裝參與，讓平時還算安靜的廣場瞬間熱鬧起來，雖偶爾有零星大雨，也澆不熄大夥的熱情。

2. 嘉年華會當天，烏瑪斯邦巴村莊提供比賽的菜餚，所有食材都是來自印加聖谷，主要有玉米〔當地大玉米粒品種，凱楚阿語稱為「丘戈羅」（choclo）〕、馬鈴薯和牛肉。

地的樂器表演和傳統的編織教學，所以當天只要得知觀光團將前來拜訪，村裡大部分的人從一早就得開始忙碌，男人們幫忙清掃佈置客人用餐地點，婦女們則是忙著烹煮料理食材，各式各樣的馬鈴薯、玉米、藜麥和道地的天竺鼠餐都是客人的盤中美食，至於我，除了拍照記錄這些珍貴畫面外，削削馬鈴薯、清洗一些食材和充當村裡的臨時保母，都算是還能勝任的工作。對村裡大多數的人而言，我究竟是個外來客，雖然與村民們在很多活動場合中已經見過面，但他們還是很好奇地打量我，有的很靦腆，有的很熱情，有的甚至主動跟我攀談，大致上都很友善。 觀光客通常到訪的季節，多是從雨季尾聲一直延續到乾季結束，他們的拜訪為村莊帶來金錢上的收入，也讓乾季時期較少農忙的烏瑪斯邦巴活絡起來。

說到天竺鼠，就不能不提聖谷地區著名的天竺鼠料理，由於牠好飼養加上經濟實惠，所以村裡家家戶戶幾乎都會養來當作家畜，一家養個數十隻，甚至上百隻，在這裡算是稀鬆平常的事，更是種不太費力且物美價廉的儲備糧食。當地人認為天竺鼠肉是「兔肉」的一種，所以有時候也會直接稱呼天竺鼠為兔子，雖說是儲備糧食，但平常並不輕易宰殺來食用，通常只會在客人來訪或者慶祝重要大事時，例如家人團聚、生日、子女成年禮等才會宰殺這些天竺鼠來助興，以往一般觀念會把天竺鼠料理與安地斯某些特殊的活動祭典劃上等號，不過現在這道美食廣為大眾所接受，來聖谷朝聖的觀光客，多數人一定會點上一份來試試，有些餐廳角落甚至飼養天竺鼠，直接提供客人挑選自己盤中的口味。

天竺鼠料理方式非常多種，聖谷一帶通常以整隻烘烤或

1. 凱楚阿族的婦女正在裝飾拱門，準備迎接前來村莊巡禮及用午餐的遊客。
2. 大夥正在準備及清洗馬鈴薯，之後由村裡的中央廚房一併料理。
3. 當地人稱天竺鼠「Cuy」，天竺鼠餐是聖谷裡一道美味佳餚，因為好飼養又富
   含蛋白質，所以村裡幾乎家家戶戶都養天竺鼠。
4. 小女生麻袋裡裝著的就是當天要拿來料理給觀光客品嚐的天竺鼠。
5. 對著拿照相機的我充滿好奇的村莊小孩，臉頰因為高山紫外線而曬紅，古
   銅色的皮膚因環境而生。

油炸，有時也會將特殊香料塞入天竺鼠的肚子來增加風味，
由於煮過的天竺鼠並沒有什麼肉汁，所以吃起來有點乾澀，
喜不喜歡這樣的口感就見仁見智了。

　　另一項聖谷著名的食材就是「藜麥」（Quinua），藜麥
在安地斯山的古印地安文明中被視為祭祀用「聖品」，根據

1. 正在村裡中央廚房忙碌的村莊婦女，每個人分工合作準備著觀光客們的餐點。
2. 農村裡一般煮飯、煮水用的爐灶。

史料記載，人類栽種此作物的時間已經有幾千年歷史，因為它能適應聖谷多變的氣候環境，加上營養價值又非常高，因此成為這裡極具經濟價值的農作物。聖谷地區大部分的餐廳都會提供藜麥湯或者藜麥料理，現在也是很受觀光客青睞的一道平民美食，每每在寒冷的烏瑪斯邦巴夜裡，最期待的就是能來盤藜麥湯，不只滿足了味蕾也溫暖了整個胃。

　　米和麵食在凱楚阿族的現代飲食文化裡也佔有一席之地，湖裡的鱒魚（Trucha）更是桌上珍饈，但由於價格較昂貴，所以很少被當作主食，只有偶爾親朋好友團聚時才會用來招呼客人，我依然記得，寄宿服務家庭迎接我的第一餐就是薯條配上白米飯加上一顆荷包蛋和一條鱒魚，當下覺得薯條加白米飯像是奇怪的中西合併，但現在想想，這頓豐盛的料理真的稱得上山珍海味了。

　　聖谷地區的凱楚阿人目前還是保有食物共享和勞力共用

家常小菜──清炒藜麥（Quinua），藜麥很適合生長在氣候變化多端的聖谷地區，其營養價值非常高。

的習慣，這樣的社會系統從印加文明前就已經存在，一直保留至今。一個村莊就像一個大家庭一樣，彼此的資源是互相共享，通常親戚、左鄰右舍之間會交換食物，所以馬鈴薯、玉米及豆穀類等在凱楚阿族的日常生活中是從來不缺少，牛、羊和駱馬這些較大型的動物，雖然只在一些特殊慶典時才宰殺，但珍貴的家畜每個部位都不浪費，宰殺後的動物也會分給村裡其他人共同享用。村裡如有某戶人家需要協助，大夥也會放下手邊的工作齊心齊力幫忙完成，尤其像翻土、播種、築屋、蓋豬寮雞舍等有大量人力需求的工作，每個家庭甚至每個人在村裡都扮演不可或缺的角色，或許就是因為擁有這樣的社會系統認知，讓聖谷裡不富有的凱楚阿族人起碼免於飢寒交迫的窘境，在這不平靜的年代裡，能有個安身立命的生活。

1.2. 當地婦女非常熱情的與我交談，旁邊那隻是其他鄰居所飼養的羊駝（草泥馬）。

3. 悠閒的烏瑪斯邦巴農村生活，兩個凱楚阿婦人正在咀嚼古柯葉提神。

　　自從十多年前第一次踏上聖谷與凱楚阿族相遇的那一刻起，他們的一切讓我魂牽夢縈，語言、文化歷史、建築古蹟、工藝美學及曾經輝煌過的帝國榮景，無不一一深烙在我腦海裡，五百多年前的哥倫布發現新大陸，對整個拉丁美洲的發展是福是禍到現在仍難以下定論，但可以確定的是，西班牙征服者法蘭西斯柯·皮薩羅（Francisco Pizzaro）殖民式的掠奪印加帝國，破壞古建築及無止盡的搶奪黃金，對印加

民族來說，肯定是個歷史傷痛。然而，現今的凱楚阿族人光是面對現實生活的溫飽，就已經忙碌不堪，多少人還有心思去想像五百年前曾發生在自己土地上的總總過往，先人們留下的輝煌和繁榮，現在只是附近山區的凱楚阿族部落用來乞求溫飽的工具，當觀光客的我們讚嘆著印加帝國鬼斧神工的建築技術同時，凱楚阿族人穿梭於我們當中叫賣商品及招攬客人，幸運的是靠著觀光客開拓財源，改善自己的生活，不幸的是利用自己的孩童上街乞討，賺取觀光客的同情心，父母親扭曲的價值觀也這樣代代傳承下去。

離開烏瑪斯邦巴村莊的日子最終來臨，心中難免不捨但也感慨，不捨的是這裡原始的好山好水和特有的風俗文化，村民們真誠的友情更令我難忘，然而，讓人感慨的反倒是寄宿家庭的一家人，他們看待國際志工就像遇上財神爺般，那種恨不得從志工身上能要多少就算多少的相處方式，著實讓人不解。其實志工來到這裡生活，不只提供人力上的協助，食宿費用也都得自理，甚至付出的更多，大概這戶人家和來自世界各地的志工們相處已經習以為常，志工金錢上的幫助變成一種習慣，所以女主人總愛把「我很窮」這三個字掛嘴邊，但事實上，相較村裡的其他人家，這個家庭的生活條件和教育知識，算是相當富足的一戶，或許貪婪是人類的通性，這樣的人哪裡都會有，看在眼裡，聽在耳裡，該怎麼說，或許貧窮的腦袋比貧窮的生活更令人同情吧！

凱楚阿族傳統服飾及手工編織衣服配件

# 心靈的寄託

## 琴伽羅（Chinchero）

　　琴伽羅是烏瑪斯邦巴（Umasbamba）村民前往庫斯科必經市鎮，往來烏魯邦巴（Urubamba）和庫斯科（Cusco）間的聖谷公車及私家車一定會在此地停留，不過從烏瑪斯邦巴村莊出入琴伽羅就只能等待私家車，車子沿著附近村莊隨處攬客，所以只要在鄉間道路上對車子招招手，司機就會停下來載你到目的地；由於鄉下地方交通不便，一般都採共乘制，當然如果你想要享受一個人的世界，那就得多付五到六倍的票價，司機通常都是附近村莊的居民，雖然安全上還算無虞，但由於私家車經常要往來崎嶇不平且土石遍佈的山間小徑，加上一定會超載一倍以上的客人，所以道路安全還是有所顧慮，幸好車速都不快，因此尚無聽到任何的交通意外。

　　不過就在一次從琴伽羅回程的路上，很不幸的遇到一個非常惡劣的司機，本來上車前就已經談好價錢，但他後來還是以車上只剩下我這個客人要回烏瑪斯邦巴村莊當藉口，硬要跟我多收一倍的票價，當下實在氣不過只好中途下車，結果就在凜冽寒風中走了半個多小時才回到寄宿服務家庭，鄉間小徑沒有燈光，加上幾戶人家飼養的看門狗又不懷好意的嘶吼吠叫，剎那間真的是腦筋一片空白，還好平安走回到家，事後想想自己還算幸運，但遇上這種事，在這種地方只

琴伽羅地區的市政府所在地，一些正式的講座和會議都會在這裡舉行。

能摸摸鼻子自認倒楣。

　　琴伽羅位於整個聖谷的至高點，距離庫斯科約三十公里，除了是個農業大鎮外，海拔三千八百公尺的高度更讓琴伽羅成為印加帝國時期的軍事重地，居高臨下的地理位置讓這個市鎮成為進入馬丘比丘的前哨站，祕魯政府有意在琴伽羅蓋國際機場，以便利國際旅客可以直接前往馬丘比丘參觀，另外也可以幫忙紓解庫斯科國內機場擁擠及老舊的問題，然而當地人總是抱怨的說，這項興建案已經規劃很多年，但遲遲未動工，不過或許我們可以期待將來的某一天，這個國際機場的完成，大家就不用再舟車勞頓繞道庫斯科，而是可以直接往馬丘比丘一窺印加帝國留下來的人類文化珍寶。

　　琴伽羅的印加古文物被發現的很晚，一直到 1994 年才被挖掘出土，目前出土的古文物大多被保存在原址的展覽館

長年積雪的安地斯山脈，從琴伽羅市鎮就可以遠眺。

內，由於展覽館規模不大而且要收費，更是隱藏在琴伽羅遺
址的一個小角落，所以很多到此匆匆而過的觀光客並不會發
現這個小型展覽館，不過麻雀雖小五臟俱全，從這裡的古文
物還是可以看出當初琴伽羅作為農業及軍事要鎮的景況。

　　展覽館裡展出的古文物從祭天器皿，包括玉米圖樣的
托盤、駱馬和南美禿鷹圖形的湯匙，以及一些祭拜天地使用
的玉米酒甕，到印加人民使用的農具、打獵器具和日常用品
等，都呈列在其中，裡頭也保存了當年由西班牙人引進的鐵
器工具和外來器皿，各式各樣的物品猶如琴伽羅這五百年來
的發展縮影。展覽館內的警衛兼收票員非常熱心的幫我解說

1. 琴伽羅位於聖谷的至高點,將近海拔三千八百公尺高的地形讓氣候變化迅速,雨季時期偶會伴隨冰雹,但太陽一露臉,溫度又會瞬間回升。

2. 琴伽羅遺址廣場,一到旅遊旺季,小攤販就會擺滿廣場的每一個角落,這個遺址除了著名的印加梯田、殖民者留下來的聖‧佩特羅教堂(Iglesia San Pedro),最特別的就是印加時期建造的梯形石牆。

琴伽羅遺址，印加帝國時期就已經擁有非常好的排水系統。

這些古文物的過往歷史，每件用具都有段自己活生生的真實故事，也讓我用琴伽羅的角度，重新認識印加古文明。

琴伽羅星期天的傳統市集，雖不像聖谷另一頭的皮薩克（Pisac）那樣受觀光客注目，但如果想要找一些當地新鮮的農作物和麵包、雕刻及編織手工藝品，這裡還是應有盡有，這個屬於當地人的市集讓遊客更能真正了解凱楚阿族人的生活。如果說烏瑪斯邦巴村莊讓我深刻體會凱楚阿人生活現實的無奈，那麼琴伽羅就是現實生活中，讓我最能感受印加帝國榮景確確實實存在過的地方。

1. 傍晚時分，一群住在琴伽羅遺址後山的凱楚阿族部落男人，群聚在教堂前談天說地。
（圖：梁鈺靖）

2. 中午休息時間才擁有片刻寧靜的遺址廣場，但隨著觀光客的腳步接近，再不久整個廣場就會佈滿藍色帆布的小攤販。

3. 聖・佩特羅教堂（Iglesia San Pedro）前的鐘樓，自從西班牙人征服印加帝國後，天主教的鐘聲從此迴盪在聖谷裡。（圖：梁鈺靖）

# 科學的農業技術

## 莫拉伊（Moray）


　　莫拉伊同心圓梯田式建築，讓很多觀光客慕名而來，一圈一圈的圓形梯田結構，乍看之下還以為是「外星人的基地」，然而，這些同心圓梯田並無資料記載，到底是何時建造及何人所建，但一般研究相信，這些圓形梯田應該是印加人用來觀察氣候變化，進而了解溫溼度對農作物會產生哪些影響的天然小型實驗室，就像現代人對溫室的概念。

　　據當地導遊口述，最大的外圍圓圈可達三十公尺深，同心圓最內層和最外層的氣溫因高度及太陽、風向的影響，最大年溫差可達十五度之多，印加人利用自然環境營造一個溫度垂直變化的生態系統，作為實驗觀察不同溫度對聖谷內的農作物，尤其像馬鈴薯、玉米等收成是否會產生巨大的影響，也藉由小型栽培，研究各種作物的收成結果，以便挑選適合種植在聖谷內的植物，目的就是用來抵抗和預防因氣候變化所帶來不利收成的衝擊，對於印加人如此科學的農業工程，不由得不佩服他們與大自然並存的智慧。

　　一路從上而下往同心圓中心走去，每一層幾乎都有兩公尺高，牆面上的石階讓旅客方便上下，但每一個步伐還是得踩的戰戰兢兢，走到中心點回頭仰望來時路，感覺就像站在巨盆裡，四周完完全全被石牆給包覆，沒有特別感受到溫度

變化，只覺得眼前的這一切精巧到太不真實。印加人記取了其他南美古國滅亡的教訓，靠天吃飯的念頭給足了研究和實驗的動力，國家要強盛，人民總得先餵飽，農業科技不精進，文明就難以延續，氣候變化帶來的災難，已經是印加掌權者可以預見的毀滅因素，不過人算還是不如天算，堪稱當時南美第一大強國的印加帝國，最終竟是輸給了西班牙人的黃金探險夢，雖然印加人統治下的強盛帝國，實質政權不到一百年的時間，但曾經有過的輝煌歷史絕對讓人無庸置疑。

現在的莫拉伊同心圓梯田正面臨雨水侵蝕和崩塌的窘境，前幾年的連續豪大雨損壞了部分的石牆，損毀地方仍然清晰可見，目前雖逐步修復中，但難保氣候異常帶來的集中降雨量，未來是否又會讓這個印加遺址災難上身。

莫拉伊位於琴伽羅的西北不到二十公里處，距離庫斯科約五十公里左右，但附近交通非常不方便，一定得招私家車才有辦法到達，聖谷公車通常只會停在離景點門口還有好一段距離的地方，想從公車站牌直接步行前往，其實有些困難度，再加上當地的私家車司機只懂得西班牙語和凱楚阿語，英文大都是無法溝通，所以為了安全起見，從庫斯科報名一日遊的行程會是最保險。往莫拉伊參觀的行程分為很多類型，如果比較喜歡戶外活動，可以考慮健行、騎馬或者騎腳踏車的方式，當然搭乘遊覽車觀光則是最普遍也是最方便的方法。

一個風和日麗的上午，跟著大夥一同驅車前往聖谷裡的一處小農村，選了匹溫馴的駿馬，準備遨遊在聖谷的群山峻嶺間，據說當地飼養的祕魯馬種，血緣淵源可以追溯至十六

莫拉伊同心圓梯田曾在前幾年的一場大雨中遭到毀損，側邊一大片牆面崩落，雖然持續修復中，但依然可看到臨時架設的木樁頂住崩落部分。

慕名而來的觀光客，由一名凱楚阿族族人引導觀光客從事某個傳統祈禱儀式。

世紀，當初由西班牙人引進，專門訓練來管理牧場的牲畜，由於馬匹個性溫和加上平穩好坐騎，現在反而成為祕魯馬場秀展、遊行和賽事場合的座上賓。四月的聖谷雨水漸少，陽光讓天地風光更增顯層次的美感，駿馬加美景，一路往莫拉伊前進 ， 此情此景一切盡在不言中。

1. 祕魯特殊品種駿馬（caballo peruano de paso），以坐騎平穩好駕馭著稱，十六世紀由西班牙征服者引進，當初主要訓練來管理牧場牲畜，但現在為觀賞用馬，除了提供觀光客休閒娛樂外，馬場秀展、遊行隊伍及一些比賽運動場合都可以看得到牠們的身影。
2. 聖谷的草原及群山峻嶺，正值四月乾、雨之交時分，地上開滿黃色小花，美不勝收。

# 大自然的鬼斧神工

## 馬拉斯鹽田（**Las Salineras de Maras**）

　　馬拉斯小鎮距離莫拉伊同心圓梯田只有幾公里，最著名的景點就是近郊的鹽田，通常一日遊行程會把莫拉伊和馬拉斯鹽田兩個觀光景點排在一起，讓觀光客一次看夠印加人的科學工程。馬拉斯小鎮地理位置偏僻，附近大都是泥土和石頭路，雖然保留了傳統的印加生活方式，但雨季來臨時的馬拉斯到處泥濘不堪，實在不利於行人行走。

　　十六世紀印加帝國被西班牙人佔領前期，尚有一些印加貴族和平民避難在此，但現在除了這些遠近馳名的鹽田水塘外，住在馬拉斯小鎮的居民並不多，重要的經濟來源以農作物耕種為主，部分居民也靠販賣各式各樣的鹽製紀念品來增加收入。馬拉斯出產的鹽在印加文明前就已經被當地人使用，距離現在應該有一千年的歷史，而鹽田水塘則從印加時期就開始開採，一直延續至今。

　　當初印加人利用這裡的天然鹽礦，開發出這一大片分布在山谷中的鹽田水塘，數百年後的現在，住在附近的凱楚阿居民仍然使用同樣的方式採鹽、製鹽，細心呵護著這整片由祖先留下來的珍貴鹽田。

　　印加人精湛的下水道工程，將流經鹽礦區的地下水透過挖鑿出的小溝渠引進淺塘內，等到乾季來臨時的太陽曝曬，

車子往馬拉斯鹽田必經之路，由上而下俯瞰整片鹽田好不壯觀，一格格鹽田水塘分布在山谷中，猶如為大地蓋上一床床白色的被單，獨特的景緻吸引絡繹不絕的旅客。

水塘裡的水分蒸發，結晶鹽便自然地附著在一格格水塘的兩側和底部，之後人工徒手刮出這些結晶鹽，採鹽程序就此大功告成。目前這裡看得到的製鹽、採鹽方式還是遵循此古法，數百年的傳承也幸虧有這群凱楚阿族居民的堅持，才能讓此地的鹽田能代代相傳、延續不斷，讓作為觀光客的我們有幸能親眼見到這片鹽田的壯麗。

　　一步步小心翼翼的跨過鹽田旁的小溝渠，我好奇的蹲下來觸摸看似白雪般的結晶鹽，黏膩的觸感摸起來就像被海風吹拂過的髮絲，完全沒有那種白雪皚皚的清透感覺，每個鹽

1. 一包包的鹽象徵著守護這一大片鹽田人的辛苦和用心。
2. 用鹽做成的精美紀念品。

田水塘都不大，深度也不超過三十公分，目前這裡開採的鹽
只提供給當地居民使用，並無外銷，或許在庫斯科的超市可
以買到。鹽田旁邊的紀念品小店舖，售有小包裝食用、泡澡
用和特殊療效用鹽任遊客挑選，但老闆一定會跟你強調，不
管是烹飪、熬湯、料理魚和肉的鹽他們全都有，顆粒大小確
實不一樣，不過也真的分不出這些食用鹽到底哪裡不同，我
索性買了兩小包，沒真的拿來煮飯煮菜用，就當作見證過這
片令人屏息的馬拉斯鹽田的戰利品。

大自然的鬼斧神工加上人類的巧奪天工，最終刻劃出這些令人摒息的馬拉斯鹽田。

# 觀光客的最愛
## 皮薩克（Pisac）市集和古蹟遺址

　　往返庫斯科和皮薩克的聖谷公車相當密集也很方便，沿途景色非常宜人，絕對值得停下腳步來拍照留念，這一帶的氣候算是聖谷內較溫和的地區，由於地勢比起其他地方相對較低，緊鄰烏魯邦巴河的河谷地形讓皮薩克的夜晚相對溫暖許多，趁著一個豔陽高照的星期日，我起了個大早，驅車一路往這個遠近馳名的市集朝聖去，如果想避開周末的擁擠人潮，平日的二和四也是不錯的選擇。

　　聖谷內的公車沿途停靠站幾乎是沒有站牌，不過當地人已經習慣哪些地點可以自由上下車，由於皮薩克算是大站，所以只要跟著人群走絕對不會錯，傳統市集內吃的、喝的、穿的、用的什麼都有，琳瑯滿目的商品，但同質性的物品和手工藝品又偏多，所以心動下手購買前，一定要貨比三家才不吃虧。來這裡擺攤的攤販全都是聖谷附近及偏遠村莊的凱楚阿人，這裡的商品大都無固定標價，有些惡質的攤商一看到是外地人，亂開價碼或是提高幾倍價錢的狀況比比皆是，不過就依當地的想法，他們不認為這是商業欺騙行為，因為跟外來客多收一點錢是既合理又公平的觀念，實在是再平常也不過，當然如果運氣夠好也是能遇上老實的生意人。

　　除了市集外，皮薩克鎮的街道巷弄也值得讓人消磨時

烏魯邦巴河河谷地形，讓皮薩克這一帶的氣候相對溫和舒適，此段的烏魯邦巴河在凱楚阿語裡亦稱作「威爾卡瑪尤」（Wilcamayu），也是「神聖之河」的意思。

間，原來印加時期的舊市鎮已經被西班牙征服者損毀，目前看到的新皮薩克市鎮屬於十六世紀後期的產物，小鎮裡印加式的排水道系統，讓雨季的皮薩克依舊暢行無阻，幾個已經荒廢的地下蓄水池雖然不再使用，但依稀可以看見當年它們對當地居民的重要性，巷弄間的精品店、仿印加建築的餐廳，牆面上的裝飾藝術和梯形式的印加窗櫺都格外引人注目，如果走累了逛煩了，廣場旁一家賣「布朗尼」和現做三明治的咖啡廳，一定可以滿足客人挑剔的味蕾。

　　皮薩克市集下午兩三點過後人潮明顯少了許多，比起早

1.2.3. 皮薩克市集，豐富的色彩和琳瑯滿目的商品。

4.5. 巷內的一間傳統窯烤店，用傳統古法窯烤雞腿、馬鈴薯，專門提供給附
近餐廳使用，有時運氣比較好，也會遇上現烤的剛出爐起司火腿麵包。

上的熙來攘往，傍晚的皮薩克有種特別的寂靜之美，空蕩蕩的廣場上，西方臉孔比當地臉孔多，讓人詫異的是他們不是外來觀光客，而是定居在這裡多年的「本地人」，有的是來尋求返璞歸真的理想家，有的是來教育救俗的夢想者，更有不少年輕人，帶著樂器三三兩兩結伴流浪在聖谷皮薩克這一帶，哪兒有人潮就往那裡去，不管是自娛還是娛人，生活也挺悠閒自在，來這的每個人對自己的人生都有一套想法，但不論如何，聖谷就是有這般魔力，吸引著這麼多不同想法的人到此共襄盛舉。

皮薩克另一個讓旅客驚奇的景點，就是她六百多年歷史的印加古蹟遺址，離市集不遠的近郊，靜靜躺著這一片曾經歷過大大小小戰役的印加堡壘。

研究學者相信，皮薩克複合式建築群在印加帝國時期，是專門用來抵禦東邊雨林王國勢力的軍事堡壘，以確保聖谷地區不受其他部落的干擾，除了軍事用途外，印加人也在此地進行農耕栽培和宗教儀式，其中已經出土的幾塊區域，確定為一

1. 引人注目的仿印加梯形式窗櫺。
2. 古色古香的街道。

1. 一家專門賣帽子的商店。
2. 甜甜的布朗尼讓味蕾活了起來。

般居民的住所。目前有更多資料指出，這些作為堡壘用的建築，同時也是印加祭司觀察星象變化的地點，幾個沿著烏魯邦巴河而建的印加古蹟遺址，似乎與銀河系的星象排列有很多不謀而合之處，而皮薩克遺址也位在其中，但沒有衛星發明的印加帝國如何觀星造鎮，雖然還需要更多的研究來解釋如此的巧合，但相信這些謎團或許在不久的將來就會被解開。

　　皮薩克建築群也是目前挖掘出土的印加古蹟遺址中，埋葬最多人類遺骸的一個，一層層的泥土山壁裡沉睡著上千個印加子民，除了當初西班牙征服者為了盜取黃金，有心擾亂安寧外，現在大部分的日子算是平靜，觀光客偶爾造訪帶來的聲響，大概是遺址內最熱鬧的片刻，這些最後落腳在此，懷著來生希望的印加死者，終於能如願以償的好好長眠。

1. 往前方的加拉卡撒 (Q'allaqasa) 區走去,沿路需經過這一大片壯觀的梯田。
2. 加拉卡撒 (Q'allaqasa) 區,在皮薩克建築群的最頂端,居高臨下可以俯瞰整個聖谷,印加帝國時期用來當作防禦堡壘,也是觀星的最佳位置。

從皮薩克遺址遠眺聖谷，一望無際的聖谷在陽光煦煦照射下，顯得無比安詳
與平靜。

皮薩克遺址所呈現的立體影像，複合式建築群排列成一隻
南美神聖之鳥──安地斯兀鷹的形狀。（此圖由當地導遊提
供）

# 寂靜的小農村

## 拉瑪依（Lamay）

綿延數百公里的烏魯邦巴河，一路往西北的馬丘比丘方向流去，切割安地斯山脈形成的這一大片河谷高原，被印加人視為能孕育萬物的「聖谷」，而流經這片聖谷的烏魯邦巴河，此河段也被稱作「威爾卡瑪尤」（Wilcamayu），凱楚阿語的意思就是「神聖之河」。

高山間平坦的河谷谷地賦予印加文明的興盛與繁榮，但也引來西班牙征服者的窺視。緊鄰這條大河的拉瑪依小農村就位在皮薩克（Pisac）和烏魯邦巴（Urubamba）間兩千九百公尺高的高山河谷中，這裡的居民代代都以農業維生，種植玉米、甘蔗和其他經濟型作物，從印加時期到現在，耕種方式一直是牛隻取代機械，人力代替自動化，然而，隨著附近市鎮的成長和現代化，這個小農村正面臨人口凋零的處境，年輕族群為了尋求更多的工作機會，寧願選擇往城裡去居住和發展。

一個因緣際會下來到這個小農村作客，當地友人非常熱情款待，由於正值一年一度的嘉年華會，整天村莊裡不時聽見敲鑼打鼓聲，好不熱鬧，鄰居們偶爾的高歌一曲，加上傳統吉他的惆悵旋律，大概也只有此時，拉瑪依才能如此的人聲鼎沸，時間就在大夥談笑間飛逝，趁著太陽下山前的空檔，我獨

1. 正值玉米和甘蔗採收期，我帶著鐮刀與當地友人一塊往甘蔗田去品嘗現砍新鮮甘蔗。
2. 烏魯邦巴河也稱為「比爾卡諾塔河」（Río Vilcanota），前幾年的一場連日大雨造成河水暴漲，這附近好幾個村莊被夾帶大量泥沙的河水沖走，不少人員傷亡。

自一人漫步在烏魯邦巴河河畔。黃昏的農村恢復她原本的寂靜，此時只聽得見水流呼嘯而過的聲音，波濤洶湧的河水如猛獸般奔流而去，不難想像為何印加人把這條大河看作是聖河，不平靜的河面和滾滾而來的河水，不禁讓人心生畏懼。

夜晚的拉瑪依非常熱鬧，村民相擁前往附近唯一的廣場群聚，隨著錄音機那頭傳來的高亢樂聲，大夥開心地一邊繞著大樹不停的唱歌跳舞，一邊喝著自家釀的玉米酒「戚治」（Chicha）同歡，現場氣氛炒得沸沸揚揚，或許被周圍歡愉的情緒所感染，於是自告奮勇加入當地村民跳舞的行列，喧鬧的氛圍，來回幾巡的酒酣耳熱，嘉年華會的熱情越夜越沸騰，不過，沒等到慶典結束那刻，我已經體力不支先行離開，友人與當地村民一直到凌晨時分才興高采烈地離去。

其實看似愜意的農村生活，事實上卻不是如此，拉瑪依

1. 聖谷農村內特殊玉米酒釀「戚洽」（Chicha），一般家釀玉米酒多呈現乳白色，味道很重且後勁十足，此杯有著美麗粉紅色的「戚洽」是庫斯科一家當地餐館所提供。
2. 慶典儀式中大家接力將樹砍倒，樹倒下瞬間，一夥人會向前相爭搶奪綁在樹上的小東西。

當地的衛生醫療條件非常缺乏，猶如其他多數聖谷農村的狀況，除了偶有義診組織前來看診，大部分的村民是無力負擔多餘的醫療費用，村莊裡的衛生所有時也形同虛設，有醫師無設備的情況下，只能看些無關緊要的小病，有時連一顆蛀牙都得往四十公里外的庫斯科才找得到醫生求救，幸運的是大部分的農村都有電力供應，至少沒有月光的夜晚不用生活在黑暗中，但家家戶戶就在屋裡屋外飼養天竺鼠、雞、豬、牛羊馬等家禽家畜，人禽畜共居的環境真的難保一切都衛生乾淨。

# 聖谷中途的休息站

## 烏魯邦巴（Urubamba）

烏魯邦巴位於聖谷公車的終點站，從庫斯科出發，不管是往皮薩克（Pisac）還是琴伽羅（Chinchero）的方向，公車最後都會來到這裡停靠，如果想往歐揚泰坦博（Ollantaytambo）的印加古蹟遺址參觀，可以從這裡搭計程車或者小巴士繼續前往，公車總站外頭就有一群攬客的司機提供便利的交通服務，不過就像祕魯其他地方一樣，必須先談妥價錢才能上車，免得下車時任人宰割。

由於烏魯邦巴的交通樞紐位置和高山環繞景緻，很多聖谷一日遊的觀光行程會安排客人在此用午餐，現在因觀光客孕育而生的高檔餐廳和飯店則沿著河谷林立，雖然城鎮本身並沒有吸引觀光客的印加古蹟遺址，但特殊的地理位置讓她成為聖谷內遊客往來的必經之地。

當地的週日市集並不得觀光客青睞，因為賣的大都是附近居民的民生必需品，像是蔬果、麵包和鍋碗瓢盆等等，在這裡比較少有專門賣給觀光客的紀念品，但雖是如此，路邊還是有不少美食非常值得遊客去發掘，除了美味可口外，價格也是出乎意料的平民，所以如果想避開週日擁擠的觀光人潮，親身體驗當地的路邊小吃文化，這裡絕對是最佳的去處。

烏魯邦巴吸引不少長期在聖谷一帶流浪的旅人，尤其

教堂角落的一處，沒有令人眩目的馬賽克裝飾，也沒有奢華的佈置，但每根點燃的蠟燭都代表一份虔誠祈禱的心意。

是一到星期天，大夥群聚在主廣場上演奏著樂器，隨著音樂盡情舞動身體，暫時忘卻一切煩惱，熱鬧無比的氣氛和滿是西方人的面孔，讓我還以為自己置身在哪個白人的嬉皮國度裡，這些年輕的浪人多半來自於歐美及阿根廷、巴西等國家，或許是想追尋心裡的那個他鄉，也或許是印加文明莫名的吸引力，大家似乎都在聖谷裡找到自己的歸宿。我坐在廣場旁直到曲終人散，唯一的東方臉孔，卻有著相同的靈魂，無拘無束的個性但多愁善感的情緒，在這裡像似被了解也找到了抒發的出口，沒有人太在乎每個孤獨的靈魂從哪裡來，也不在乎彼此之後往哪裡去。

烏魯邦巴現代化的水泥街道，比起聖谷內多數的農業城鎮，這裡算是數一數二的大城，由於鄰近幾個非常重要的印加古蹟遺址，很多觀光客都會在此短暫停留。

路邊美食大餐，炸雞、薯條、烤玉米粒加上旁邊一大份沙拉，折合台幣才二十五塊錢。（2012 年時的價格）

# 印加帝國最後的堡壘

## 歐揚泰坦博（Ollantaytambo）

　　印加帝國時期的軍事堡壘中，再也沒有一個比歐揚泰坦博堡壘的故事更加生動，每個印加遺址都有她自己的一段故事，但經過數百年來的流傳，故事的版本也開始千變萬化，書裡描繪的、當地導遊提供的，甚至是考古學家研究的，每個片段都有令人著迷的地方，這些故事總賦予印加堡壘傳奇性的生命力及戲劇性的張力，但真實情節和真相究竟為何，似乎也在等待人們自己去探索。

　　歐揚泰坦博堡壘位於聖谷的最北側，緊靠烏魯邦巴河興建而成，將西北方的馬丘比丘（Machu Picchu）和東南方的皮薩克（Pisac）連接形成一道堅固的防護牆，印加人長期擔心東邊雨林王國勢力的崛起，所以沿著烏魯邦巴河建造多座穩固的堡壘，但殊不知造成帝國滅亡的敵人不是來自東邊的部落，而是他們原本當作朋友的西班牙征服者。如同這座堡壘見證了多起慘烈的戰役，但終不敵西班牙軍的強勢壓境，雖曾有研究學者質疑，印加國王「芒科・印加」（Manco Inca）打贏西班牙人的那場漂亮勝仗並不在歐揚泰坦博，而是附近的其他處，但不論如何，這樣高聳明顯的堡壘，加上距離已經落入西班牙人手中的庫斯科只有短短六十幾公里，「芒科・印加」（Manco Inca）國王非常清楚這樣的地理環

1. 從歐揚泰坦博堡壘一眼望去的烏魯邦巴河谷，靠近山腳下的那一大片矮房和巷弄，是目前聖谷內最具印加傳統建築特色的一區，除了印加後代子民仍居住在此，不少極具特色的民宿、旅館也能在這裡找到。

2. 十七層的梯田式平台是通往堡壘上方的唯一通道，除了可以抵禦敵人的攻擊，印加人更利用這些梯田種植耕作，一舉兩得的設計更突顯印加人的生活智慧。

3. 雄偉的高山（Pinkuylluna）與歐揚泰坦博堡壘遙遙相望，中間的一個側臉人像，據說是印加造物主所派來的信差，他監視俯瞰整個歐揚泰坦博。右邊像是鑲在山壁上的建築，是印加人用來當作穀倉的地方，通風良好的環境作為印加帝國儲備糧食的地點，再適合也不過了。

4. 從堡壘上俯眺聖谷，一大片美麗景緻盡收眼底，在堡壘上方仍有多處尚未完成的建築，研究學者指出，在歐揚泰坦博被棄守當時，印加人還在持續擴建這個堡壘。

境和條件，實在不適合長期堅守，更遑論作為帝國延續的永久首都，所以他最後還是選擇棄守歐揚泰坦博堡壘，帶著願意跟隨他的印加子民們隱退到另一處的偏僻叢林去。

被稱為「印加傀儡國王」的「芒科・印加」（Manco Inca），曾力挽狂瀾想奪回失去的政治中心—庫斯科，但好運似乎完全不站在他那一方，二十萬大軍不是死於西班牙人帶來的流行病「天花」，不然就是部落與部落間內鬨給了西班牙人毀滅帝國的機會，圍城數月間雖贏得幾場勝仗，但終究還是把國家拱手讓給西班牙征服者，導致退守到歐揚泰坦博，最後只能避難到比卡邦巴（Vilcabamba）的偏遠叢林另闢家園，短暫三十來年的偏安直到西元 1572 年，最後一任印加國王，也是「芒科・印加」（Manco Inca）的兒子「圖帕克・阿瑪魯」（Túpac Amaru）被西班牙人俘虜並處以極刑後，「印加國王」這個稱號隨著印加帝國從此消失在歷史軌跡上。

歐揚泰坦博（Ollantaytambo）在凱楚阿語裡有兩種解釋，一個是大家普遍接受的說法，即「俯瞰大地的驛站」，其實這個名稱只是從凱楚阿語直接翻譯過來而已，另一個說法則是為了紀念一位偉大的印加軍人「歐揚塔」（Ollanta）所命名，稱作「歐揚塔之驛站」。但不管是哪個說法和解釋，歐揚泰坦博堡壘在印加帝國時期，除了提供軍事和宗教祭祀用途外，接待往返馬丘比丘和庫斯科間傳遞訊息的信差，以及招待其他部落來訪的貴賓和使節，這些都是這個堡壘必須承擔的重要工作，那個時期的印加，往來市鎮間都需靠人力長途跋涉在山巒裡，為了避免來回奔波的辛苦和方便這些信差、使節中途有個休息落腳的地方，因此歐揚泰坦博堡壘在

1. 讓人彷彿走入時光隧道的歐揚泰坦博印加街道，少了庫斯科的擁擠和塵囂，
   在這裡更能細細品味印加文明之美。
2. 乾淨清澈的活水順著溝渠而下，當地老婦人利用道路旁的溝渠水洗滌衣物，
   算是經濟又環保。

星期日寧靜的下午，貓咪在一間堆放玉米的閒置廢棄屋門前打盹。

1. 往馬丘比丘方向駛去的火車緩緩停下，一大夥人終於可以進到車站內候車了。
2. 搭乘火車前往馬丘比丘參觀，是目前最簡單也是最多人選擇的方式。

印加帝國時期也扮演起驛站的角色。

　　五、六百年前的歐揚泰坦博只保留給當時的社會菁英和貴族使用，然而今天的堡壘則開放給每一位對她好奇嚮往的旅客，往返庫斯科和馬丘比丘間的鐵路列車一定會在這裡讓客人上下車，現在的她不只是旅人們前往馬丘比丘的轉運站，更是名符其實的「休息站」。

　　歐揚泰坦博舊市鎮，是目前聖谷內最具印加傳統建築特色的地方，座落與堡壘遙遙相望的 Pinkuylluna 山山腳。這區的巷弄小徑，讓人有種時空交錯的幻覺，如果不是街邊偶爾出現的西班牙文不斷提醒這是被統治後的聖谷，有時還以為自己坐上時光機回到了過去。整齊排列的屋舍和完善的排水系統，至今仍被印加後代子民所使用，矩形狀的中央天井，四周環繞著用石塊建造而成的屋舍，上從莊嚴的太陽神廟，下到一般的平民住宅，都可以看到這種典型的印加建築風格，與庫斯科繁忙擁擠的印加街道最大不同處，就是這裡

更保有寧靜樸實之美。

　　印加文明藉著擴張和併吞其他部落文明，不但承襲吸收了這些文明的工藝技術，更融合許多南美古文化的智慧結晶，最終集大成於印加帝國。有時我常獨自在想，如果沒有西班牙人的出現，印加帝國還會存在嗎？如果還存在，現在的印加帝國還會是那個帝國嗎？還是她會以嶄新不同的面貌呈現在世人面前，或許這些疑問不會再有答案，現在的我們只能從這些雄偉的古蹟遺址中去瞻仰印加帝國曾經存在的片刻，畢竟歷史不能重來，每個消失的古文明都證明了自己當代的歷史價值，其他的就只能留給後人去緬懷了。

# 2.
## 馬丘比丘（Machu Picchu）

# 商業化的異國風情小鎮

## 溫泉鎮（**Aguas Calientes**）

　　一早的溫泉鎮顯得格外安靜與脫俗，早晨清新帶點濕氣的空氣透露昨夜那場大雨的痕跡，本來以為看不到太陽露臉，沒想到老天爺給足了面子，讓再次來到馬丘比丘參觀的我有個陽光和煦，能盡情的漫步穿梭在街道巷弄間。

　　起了個大早沿著烏魯邦巴支流一路往巴士站走去，河流轟隆隆的聲音要人忽視她實在太難，接近雨季尾聲的溫泉鎮有種朦朧之美，山谷間多變的天氣時而晴空萬里，時而大雨磅礴，環繞於山巒間的雲霧更為她蒙上一層美麗的面紗，這裡談不上什麼印加古鎮，現代化的設備更因觀光客孕育而生。從一百年前馬丘比丘重新出現在世人面前，到現在成為炙手可熱的世界觀光景點，可以確定的是，這個祕魯新興小鎮成為馬丘比丘的生命共同體，未來存亡和發展也將與馬丘比丘密不可分。

　　開往馬丘比丘的列車緩緩停在溫泉鎮，想要一睹馬丘比丘的風采，就必須在這個小鎮再換上接駁巴士才到的了，蜿蜒的山路雖然只有六公里，但路況其實不太適合行人行走，有些人願意挑戰這山路，但就要確保到達馬丘比丘時還有體力欣賞那壯觀的印加遺址。

　　溫泉鎮本身就是一個非常商業化的觀光小鎮，來自世界

1. 烏魯邦巴支流一路往山谷那頭奔流而去，在看不到的山谷盡頭就是烏魯邦
   巴河。右手邊那兩輛遊覽巴士準備往馬丘比丘駛去，巴士旁有個售票亭，
   提供遊客現場買票服務。

2. 溫泉鎮的火車站，是這個小鎮唯一對外的交通方式；想來一訪馬丘比丘盛
   名，就只有搭火車和走路兩種方法。

3. 一大清早的溫泉鎮，鐵道旁的商家尚未開門營業，少了人聲鼎沸，算是溫
   泉鎮一天當中最安靜的時刻。

4. 木製的棋盤遊戲種類非常多種，有動物棋、跳棋、西洋棋等等，玩法也非
   常不一樣，其中西洋棋最常看到的就是，象徵西班牙征服者和印加帝國凱
   楚阿人的人物肖像棋子。即使在真實歷史上，凱楚阿人最終輸了自己的國
   家，但在棋盤上還是有機會可以再扳回一城。

各地的觀光客比當地居民還多，說她因馬丘比丘的盛名而存在，實在是不為過，這個小鎮座落於比鄰馬丘比丘的一個山谷裡，不少觀光客會選擇在這裡過上一夜，隔日才往馬丘比丘上山朝聖去。由於祕魯政府為了保護馬丘比丘的觀光資源能永續不斷，避免過多的人潮損壞古蹟，因此規定每日可進到馬丘比丘參觀的人數不得超過兩千五百人，尤其適逢六到九月的旅遊旺季，如果不想敗興而歸，出發前先訂妥門票和車票會是比較保險的作法。

　　印加古道健行也是前往馬丘比丘的一個不錯選擇，沿途除了能觀賞多處的印加古蹟遺址，山巒河谷間的風光明媚更是令人印象深刻，疲憊的登山客經過幾天幾夜的高山健走後，溫泉鎮成為他們最後帶著回憶離開的地方，搭上回程鐵道列車，滿載意猶未盡和成就的心情踏上歸程。由於印加古道地形崎嶇加上高山地理位置，再再都不斷考驗登山客的體力和耐力，為避免天雨路滑造成旅客危險，所以古道在雨勢最大的二月份會整個月關閉，極具盛名的印加古道健行每年吸引數以萬計的遊客前來挑戰，熱門的情況與馬丘比丘不相上下，因此祕魯政府也訂出了每日健行人數的上限，所以有興趣參與的人還是要盡早報名規劃。

# 藏於高山間的一塊淨土

## 馬丘比丘（Machu Picchu）

　　馬丘比丘的第一個發現者爭議多時，目前史料記載大都推舉海勒姆・賓漢三世（Hiram Bingham III）是讓馬丘比丘聲名大噪的第一人，現在連通往馬丘比丘遺址最頂級的祕魯鐵道列車，還因此以他的名字來命名。

　　西元 1911 年，受聘於耶魯大學的海勒姆・賓漢三世（Hiram Bingham III）向世人宣告發現印加帝國失落的城市——馬丘比丘，其實原本他是要尋找印加國王「芒科・印加」（Manco Inca）帶領族人退守的最後陣地——比卡邦巴(Vilcabamba)，但沒想到卻發現這個比「比卡邦巴」規模甚至大上好幾倍的古印加遺址。一直到賓漢過世前，他都認為自己找到的印加遺址「馬丘比丘」，就是印加國王和族人最後的藏身家園，或許賓漢對印加帝國失落的城市有很高的期待，即便他可能曾經到過真正的比卡邦巴所在地，但發現的遺址建築遠不及馬丘比丘的雄偉精彩，所以便主觀認定馬丘比丘的歷史地位。從賓漢過世後，後人更多的研究和調查證實，真正的比卡邦巴其實是位於叢林的更深處，終於還給這個考古探險界中美麗的錯誤一個清白，也重新還原印加帝國最後的歷史真相。

　　事實上，據當地導遊描述，居住在馬丘比丘附近的高山

馬丘比丘古蹟遺址，遺址倚靠的兩座高聳後山，較高的一座叫「外拿比丘」
（Waynapicchu 或作 Huaynapicchu），另一座叫「烏丘比丘」（Huchuypicchu），兩
座山遠看像似人形側臉的鼻子和下巴，猶如一個沉睡的巨人，靜靜地守護著這
片古印加聖地。

部落農民，其實他們一直都知道這個地方的存在，當初賓漢
希望他們能為他引路，但居民們並不願意透露真正的所在位
置給外人知道，於是賓漢想出了一個法子，用利誘的方式付
了一筆可觀的費用給當地的一位小男孩，讓他帶路到凱楚阿
族人口耳相傳的祖先聖地，從那時候起，馬丘比丘便再一次
的重現在世人眼前。

　　對我來說，賓漢絕對是第一個把馬丘比丘商業化及行銷
各國的生意人，他筆下的馬丘比丘引起世界各地從事考古、

1. 從「外拿比丘」山頂往馬丘比丘俯瞰,壯麗的遺址和山河美景讓人震撼,「Z」字形蜿蜒山路是二十世紀的產物,一路從溫泉鎮帶領遊客往馬丘比丘前進。

2. 俯瞰馬丘比丘遺址,複合式建築群可粗略分為兩區,一為梯田農業區,另一區為主城市區,市區部分包含神廟、房舍、廣場、貴族皇宮、陵墓、栓日石、聖石、工作區和監獄等等,儼然像個獨立的世外桃源城市。

1. 通往「外拿比丘」山頂最嚴峻的挑戰，陡峭的印加石階建築讓有懼高症的人卻步，下山時更是得步步都戰戰兢兢，一旁的纜繩讓登高望遠的遊客有個可以支撐的力量。

2. 往「外拿比丘」和「烏丘比丘」的出口和入口，每個登山客都得在這簽名報到和離場。

3. 跟著大夥一起俯瞰馬丘比丘的「外拿比丘」小蜥蜴。

4. 從入口進山後，走了一小段山路終於看到指標，二十五分鐘後陡峭的地勢才正要開始。

1. 馬丘比丘的農業遺址區，一層層的梯田證明這個城市足夠自足自給，梯田
   式的結構一來能有效的治理山坡耕地，二來又能防止水土流失。
2. 側邊一整排的小房屋推測為當時梯田管理員住的地方兼崗哨。

歷史建築研究專家的共鳴，大家千里迢迢來此作考察，截至
今日，研究和整修重建工作仍持續在進行，雖然對於這個複
合式建築的主要功能和作用，都還停留在揣測階段，但因馬
丘比丘在 2007 年獲選為世界新七大奇蹟之一，享此國際盛
名加上一些尚未解開的謎團，因此吸引更多想來這裡一探究
竟的觀光客，這幾年絡繹不絕的人潮，讓這片高山淨土不再
安寧。

　　馬丘比丘在凱楚阿語的意思是「古老的山峰」，並不
是這個印加古蹟遺址的真正本名，目前仍有待更多的考古研
究來證實她正確的名稱，遺址倚靠的高聳後山稱作「外拿比
丘」（Waynapicchu 或作 Huaynapicchu），意思為「新的山
峰」，高度比馬丘比丘高出三百多公尺，海拔約兩千七百公
尺左右。

　　「外拿比丘」山頂也有幾座類似印加瞭望台或觀察站的
堡壘，通往山頂的陡峭石階和崎嶇不平的石頭泥土路，在在
都考驗登山者的勇氣和膽量，祕魯政府基於安全考量，規定

3. 進入馬丘比丘主城遺址區的主要大門，又稱太陽門，其結構設計非常簡單。
4. 順著山形地勢而建的馬丘比丘遺址，壯觀的建築群和秀麗的山河讓每個來
   到這裡參觀的旅客讚賞。

一天只接受四百人登記入山，雖然爬這座高山需要一點體力
和堅持，但還是有不少願意挑戰自己的旅人慕名而來，除雨
季短暫關閉外，入山人數幾乎天天額滿。「外拿比丘」的山
路原本就顛簸難行，雨後的泥濘更增添部分路段行走的難度，
然而到達山頂遠眺壯麗山河的那瞬間，一切的千辛萬苦頓時
全都有了回饋，為了站在更高的高度一覽馬丘比丘的雄偉和
安地斯山的遼闊，每個人即使爬得氣喘如牛，上氣不接下氣，
走走停停都要堅持到最後那一刻。

　　爬到「外拿比丘」的至高處，此時腳下往來溫泉鎮和馬
丘比丘的蜿蜒山路震攝人心，環抱馬丘比丘的烏魯邦巴河卻
顯得無比的安詳寧靜，不難想像為何印加人選擇這片藏於雲
霧山際間的淨土，作為他們的世外桃源。姑且不論這個地方
是否曾經為印加國王、貴族的行宮或者祭拜偉大神明的聖地，
還是供給上層男女菁英學習的學校，乃至作為反攻西班牙征
服者的秘密基地，雖然專家學者們對於馬丘比丘遺址的主要
功能到現在仍眾說紛紜，但慶幸的是，不曾遭受西班牙人踩

躪的遺址建築保留最原始的美麗，讓有幸的我們能親眼目睹印加帝國曾經有過的燦爛與輝煌。

一般研究相信，馬丘比丘複合式建築群興建於十五世紀中期，屬於一個自足自給的獨立偏遠城市，但當初印加人為何要興建這座城市，又為何一百年後完全被棄守，是否因為位於印加古道上容易被西班牙征服者發現，還是另有其他隱情，目前考古界仍無確定答案。由於印加文明並無文字資料記載，考古學家只能從四百多年後陸續出土的古蹟和文物拼湊過往歷史，尤其像是這些巨型石塊是從何搬運而來，以及印加人如何使用原始工具整齊切割上百噸重的巨石，這些疑問都還需要進一步的釐清。

印加人的石頭建築技術爐火純青，順應山坡地而修築的層層梯田，更是印加人善用環境的智慧證明，不但能有效的防止水土流失，又能提供各個堡壘、城鎮足夠的分配糧食，部分地區的梯田還能當作阻擋敵人的天然人工城牆。然而，印加的建築特色中，另一項讓考古學家提出疑問，就是印加人對於「城門」的設計似乎來的簡單也粗糙許多，比起巨石切割和搬運工程，以及能防止地震帶來傷害的梯形式建築結構，城門對於抵禦外強入侵的功能，相較之下就顯得遜色許多，或許石頭結構的城牆已經讓印加人有足夠的信心面對敵人，但究竟為何有如此差異，答案只能等待未來更多的考察和研究。

從九〇年代後的馬丘比丘每年吸引成千上萬的觀光客前來，遺址主城區的中央廣場還曾一度被當作直升機的停機坪，過多的人為破壞終於引來聯合國教科文組織

1. 中央主廣場和月亮神廟，往山的那頭走去，就會看見「聖石」和進出山岳的登記管制亭。
2. 模仿附近山峰所打造而成的「聖石」。
3. 馬丘比丘的主城區，左下方建築群包括太陽神廟及王公貴族住所和廳舍，右上方為一般房舍和工作區，靠近一般房舍的下方則為關犯人用的監獄。
4. 由上而下往太陽神廟看去，半圓形的結構在印加建築裡並不常見，讓人直接聯想到庫斯科的太陽神殿（Koricancha，現為聖多・多明哥教堂），隔著烏魯邦巴河與太陽神廟正對的山峰為 Putucusi 山。

（UNESCO）的警告，甚至要把馬丘比丘列為瀕臨危險的人類文化遺產，當然直升機停機坪早就被停用，但有利可圖的商機還是讓很多法案不斷地提出，像是興建纜車和修築通往

1. 養在馬丘比丘上的駱馬，每天看著來來往往的觀光客，對於人山人海的景象大概早就見怪不怪了。
2. 拴日石 (Intihuatana，又作 Intiwatana)──印加人利用太陽的影子來推斷時間和季節，其功能如同時鐘和日曆。

馬丘比丘新的橋樑和道路等等，雖然最後都讓維護古蹟的抗議人士給擋了下來，祕魯政府也遲遲不敢通過這些提案，深怕人潮的湧進反而會失去這個能為國家帶來長期觀光財富的「聖地」。即使印加古道健行一年比一年貴，通往馬丘比丘的火車票和入門票也貴得離譜，仍然擋不住絡繹不絕前來朝聖的觀光客，披上世界新七大奇蹟之一的光環後，這幾年的觀光產值更是勢不可擋，順勢也帶動祕魯其他地區的觀光產業，幸好每日進到馬丘比丘的人數有所限制，至少能在觀光和古蹟維護間作個權衡，不至於讓這個壯觀的印加遺址就像印加帝國一樣，毀於外來客的手中。

1. 主神殿——相傳為祭拜英靈的地方。
2. 重新蓋上茅草和樹枝的屋頂，模擬當時這片遺址屋舍的真實模樣。

# 3.
## 庫斯科（Cusco）

# 紙醉金迷的古城

## 庫斯科（Cusco）

　　庫斯科，在凱楚阿語裡（Quechua，祕魯當地最大方言）的意思是「肚臍」，有世界中心之城的含義，在西班牙征服者法蘭西斯柯・皮薩羅（Francisco Pizarro）完全佔領及摧毀印加帝國前，她一直是印加帝國主要的政治中心，庫斯科在西班牙人的統治下，除了作為一個農業大城外，更是西班牙人在安地斯山宣傳他們宗教理念的主要核心城市，所以當你在庫斯科或者印加聖谷看到教堂就直接蓋在印加遺址的地基上，其實也就不足為奇了。

　　由於印加文明並沒有留下任何文字記載，現在的印加歷史研究，除了參考十七世紀初西班牙征服者和印加公主兒子「印加・加西拉索・德拉維加」（El Inca Garcilaso de la Vega）用西班牙文著作較完整的「印卡王室述評」（Los Commentarios Reales de los Incas）外，十九、二十世紀考古探險學家們實地的考證資料，以及截至今日的田野調查和遺址探勘，無不慢慢拼湊出印加文明的過往，是傳說還是言之有據的歷史，或許假以時日，未解的謎團能一一被解開，世人對於印加文明乃至其他相關的部落文明將會有不同的見解。

　　庫斯科因為高山環繞地形，加上靠近烏魯邦巴河河谷平原的優渥地理環境，易守難攻的戰略位子和聖谷提供的豐饒

物產，讓她成為印
加帝國統治南美洲
的主要政治城市，
帝國內四個行政省
以庫斯科為中心，
國土涵蓋範圍北從
哥倫比亞西南部、
厄瓜多、祕魯，
南至玻利維亞、
智利和阿根廷西北
部的安地斯山區，
太平洋海岸線則從
厄瓜多北部一路延
伸至智利中部，全

印加帝國行政地圖。

長超過四千公里。庫斯科位於海拔約三千三百公尺，周圍
高山皆屬安地斯山脈群，附近知名高山景點為「薩坎泰」
（Salkantay）山，最高處有六千兩百公尺，薩坎泰山健行是
除了印加古道（Camino Inca）外，另一條可以通往馬丘比丘
聖地的登山路線，健行隊伍沿著三、四千公尺的山路前進，
翻山越嶺至少需要四到六天的時間才能到達馬丘比丘。

　　印加文明起源可追溯至十二世紀開始的部落文明，
但實際的印加帝國政體卻是不到一百年的時間，從西元
1438 年到 1533 年。帝國的第一任國王為「帕洽庫提克」
（Pachacuteq），王位繼承為父傳子的世襲制度，最後終止
於兩個國王兄弟的鬩牆，打了多年的內戰造成國力衰退，讓

西班牙征服者利用了機會順理成章的佔領印加帝國，之後雖有「芒科・印加」（Manco Inca）國王的奮力抵抗和企圖復興，但終究擋不住西班牙人的槍桿子和離間計，國內長期動亂加上已經撕裂的民族情感，更把印加帝國推向滅亡之路，白人侵略者所帶來的流行疾病「天花」，讓沒有抵抗力的印加人幾乎滅絕，不管當初印加人如何殘暴的佔領其他部落民族而建立起印加帝國，最終還是無法抗拒歷史的殘酷，最後一任有名無實的印加國王在西元1572年被西班牙人處死後，印加文明的光榮從此不再。

現在庫斯科城的大致輪廓，其實是西元1534年由西班牙征服者法蘭西斯柯・皮薩羅（Francisco Pizarro）所規劃興建，原本的庫斯科城早在兩位印加國王內戰時就已經損毀大半。根據印加傳說，最早的庫斯科是十三世紀由「芒科・卡帕克」（Manco Cápac），當時庫斯科王國的國王所創建，他被奉為「太陽神之子」，是一個在印加文明裡極具傳奇性也備受爭議的人物，據說現在的「太陽神殿」（Koricancha，或作 Qoricancha，凱楚阿語譯為「黃金神殿」）就是他當時的皇宮，後由「帕洽庫提克」（Pachacuteq）國王擴建，一直以來就是印加帝國的精神象徵，擴建後的太陽神殿內部金碧輝煌，耀眼奪目的程度讓第一批到達神殿的西班牙征服者瞠目結舌。

然而，曾有些研究印加歷史的學者認為，「太陽神殿」的原始創建者只是印加故事裡杜撰的神話英雄，但卻有越來越多相關印加民族起源的史料證明，「芒科・卡帕克」（Manco Cápac）是確確實實曾經存在過的歷史人物。

太陽神殿（聖多‧多明哥教堂）外觀，印加遺址地基加上巴洛克風格教堂，
見證了歷史交替和印加帝國的殞落。

　　「太陽神殿」（Koricancha 或作 Qoricancha）也稱為聖
多‧多明哥（Santo Domingo）教堂，是西班牙人殖民下最
具代表性的建築，原本的神殿主體已不復見，只剩下半圓形
的外牆和層層地基，神殿裡仍保存部分當時印加人祭拜大自
然神祉的神廟，例如月亮、雷、電和金星等，西班牙式的長
廊和庭院也可以在這看見，是一座融合印加和巴洛克風格
建築的教堂神殿。殿內每一處曾經都是黃金打造，不過早在
印加帝國衰亡時，就被西班牙征服者搜刮一空，連後來才到
的西班牙人都無緣看到那金碧輝煌的裝潢。神殿的建築技術
也是讓後人津津樂道，一大塊一大塊切割平整的巨石堆疊排

列，是這個神殿至高無上的地位象徵，梯形式內傾防震的建築結構，讓部分已經被西班牙人拆毀的神殿，在地震頻繁的庫斯科仍屹立不搖，但後來才興建的聖多‧多明哥教堂，卻早已歷經多次的整修。

太陽神殿前面的一大塊草坪是現在太陽路（Avenida El Sol）上最大的地標，每年 6 月 24 日的太陽神祭典「印蒂‧拉伊米」(Inti Raymi) 就是從這裡熱熱鬧鬧登場。尖峰時間的太陽路人車鼎沸，刺耳的喇叭聲和人群嬉鬧聲，讓人很難不注意這是現代化後的庫斯科，二十一世紀的祕魯，這裡曾經貴為印加帝國最神聖的所在地，祭拜他們最崇敬的太陽神，然而現在的太陽神殿不再是人民遙不可及的地方，除了絡繹不絕的觀光客，不時可以看到當地人從聖多‧多明哥教堂進進出出，將近五百年的西班牙羅馬天主教薰陶，心裡那個崇敬的對象也跟著多采多姿起來。

印加帝國的「黃金」引來征服者的覬覦，也造成國家的毀滅，但黃金對當時的印加人來說是權勢地位的象徵，只有印加王和貴族們可以配戴，不過對虎視眈眈的征服者而言，那卻是能享盡榮華富貴的工具。

當初西班牙人為了試探印加帝國是否真如傳說中擁有大量的黃金，於是便藉由俘虜內戰中得勝的印加國王「阿塔瓦爾帕」（Atahualpa）來要求贖金，印加人也如期照著西班牙征服者的要求，裝滿了一整間房間的黃金和白銀來拯救他們的國王，據說有部分黃金就是從太陽神殿貢獻出去的，但如此舉動反而加深了西班牙人的猜忌，也害怕這位受人民愛戴的國王將來一定會變成可怕的強敵，並且阻擾他們的黃金

1. 前面一大塊草皮是禁止閒雜人等進入的，但偶爾還是會看到誤闖的落單客。進入太陽神殿需要收費，但後面的聖多‧多明哥教堂則是免費開放，歡迎大家去望彌撒。

2. 從太陽神殿往太陽路（Avenida El Sol）望去，靠近太陽路那頭的草坪地下室有一間小而美的「太陽神殿博物館」（Museo de Sitio Qorikancha），是認識印加文明的好地方，更是消磨時間的好去處。

探勘計劃，因此西班牙人便找了些莫須有罪名硬定了「阿塔瓦爾帕」（Atahualpa）國王的死刑，之後又強迫這位權傾一時的印加國王必須受洗成為天主教徒，否則就要用火刑的方式來制裁他，由於印加人相信死後會有來生，如果身體被燒掉，便無法趨上來生之路，西班牙人的威脅恫嚇讓「阿塔瓦爾帕」（Atahualpa）國王在死前妥協受洗，但最後仍被用絞刑的方式結束生命，印加帝國的獨立實體政權到此也劃下一個句點。

西元 1533 年以後一直到西元 1572 年，不管是自行登基，還是由西班牙人授權在庫斯科加冕的印加傀儡國王們，都只是西班牙征服者用來控制印加人民的一種手段，避免政權轉移時所帶來的動亂，然而黃金寶藏的掠奪計劃卻從沒停止過，因為這些征服者相信，只要奪下庫斯科，操縱了這個太陽帝國，就能得到他們夢寐以求的財富——黃金。

庫斯科的「市中心廣場」（Plaza de Armas）就是城裡的主廣場，環繞廣場四周的建築物除了幾個主要教堂外，附近的餐廳、旅館、藥局、市場、銀行、車站、學校、紀念品店、歷史博物館和美術館等等都在廣場不遠處，食衣住行育樂應有盡有，生活機能非常便利，一般觀光客只要認得「市中心廣場」（Plaza de Armas）在哪個方向，基本上就不太會迷路。另外，廣場也是當地居民最重要的集會及慶典活動地點，不管是大大小小的遊行或抗議，還是來自安地斯山各部落的舞蹈表演和太陽神祭典，甚至是學生的畢業典禮和某些知名超商的開幕儀式，都會選擇在這裡熱熱鬧鬧登場。西班牙殖民時期的市中心廣場，除了當作緊急臨時庇護所外，還提供武

庫斯科的「市中心廣場」（Plaza de Armas），一個風和日麗的下午，我坐在主教堂對面的二樓咖啡廳，悠閒享受這片刻的寧靜。

器來抵禦突發的攻擊事件，現代的廣場顯得溫和許多，而且扮演更多的角色，即使零星的幾起抗議活動帶來警民之間的緊張氣氛，但最後還是以和平收場。

　　市中心廣場中間有一個設計別緻的噴水池，說是當年西班牙人設計的，水池正上方豎立了一尊新的印加英雄銅像，2011 年才剛落成，銅像的右手拿權杖，左手往庫斯科山上的「薩克塞華曼」（Saqsaywaman，印加時期宗教兼軍事用堡壘）和「白色耶穌雕像」方向高舉招呼。然而，這尊銅像卻引來很多爭議，有些當地人認為，庫斯科本來就是一座融合古印加和西班牙殖民文化的城市，這是不能改變的事實，市廣場中央再多出這尊印加英雄銅像，像是硬要挑戰已經過

傍晚的庫斯科主教堂，當初西班牙人花了一百年的時間才興建完成，主教堂所用的建築石材都是從距離庫斯科不遠處，印加的「薩克塞華曼」（Saqsaywaman）堡壘搬運過來，教堂與傍晚餘暉相輝映，更顯莊嚴肅穆。

往的歷史，挑起民族情緒，也有人認為庫斯科城不應該變成一座大型的印加主題樂園，過多的現代人為裝飾反而會適得其反，其中還有一項爭議就是，早在 1983 年庫斯科就被聯合國教科文組織（UNESCO）列為世界文化遺產城市，城裡任何不合適的變動都是不允許的，所以這尊銅像未來何去何從，現在庫斯科當地政府也是非常頭痛。

　　「市中心廣場」（Plaza de Armas）附近常常有高山村落婦女，帶著幾個小孩穿著傳統服飾，手裡抱著小羊或牽著駱馬供遊客拍照，他們基本上是靠觀光客維生，所以如果有意願跟他們合照或者拍張照片留作紀念，就一定得付錢，但通

1.「市中心廣場」（Plaza de Armas）旁的抗議插曲，老師走上街頭捍衛自己的薪資和工作權。

2. 鎮暴警察全副武裝以備不時之需，抗議活動還好是以和平落幕。

3.「市中心廣場」（Plaza de Armas）上表演剛結束的凱楚阿族青年男女。

4. 安地斯山其他部落民族，傳統服飾都很有自己的特色。

常不用太多，一個人一元祕魯新索爾（Un Nuevo Sol，約 10 元新台幣）就已經很足夠，因為觀光客的到訪，尤其是旅遊旺季的六到九月間，不少部落村民蜂擁而至庫斯科，有時候間接養成一些父母親的貪婪，利用自己的小孩向觀光客乞討和攬客做生意，其實庫斯科當地類似的社福機構，不定時都會派遣社工在廣場附近了解這些小孩的狀況，也會記下小孩

市中心廣場（Plaza de Armas）另外一座天主教教堂——「耶穌會教堂」（La Compañía de Jesús），屬於巴洛克建築風格，在庫斯科 1950 年的大地震中損毀大半，整修後重新開放給遊客參觀，目前教堂內仍看得見當年地震時所留下的大片裂痕牆壁。

的年齡、住處地點等基本資料，所以身為外來客的我們如果過份濫用自己的同情心，有時也相對剝奪了這些小孩的教育和生活權利，使他們淪為父母親的賺錢工具。

　　另一個也是近幾年才在庫斯科興起的行業，想在市廣場附近的街道巷弄內避掉她們實在很難，就是當地女孩提供的「按摩」服務，這些年輕女孩在街頭巷尾間不斷的詢問每個來來往往的旅客，甚至遞發名片，雖然索費不貴而且大都是純粹的身體、腳底按摩，但三兩步就出現一個這樣的女孩，實在是庫斯科城內這幾年才出現的特殊街景。由於「印加古道」健行每年吸引非常多的國際登山客，或許有不少人在健行後需要一些放鬆的服務，所以這些當地女孩乾脆順勢做起按摩工作，如果說庫斯科滿足了觀光客一睹印加帝國風采的好奇心，對於附近高山部落的當地人來說，庫斯科絕對是他

們一圓掏金夢想的最好舞台。

　　位在庫斯科山坡上，距離市中心廣場步行約十分鐘的
「聖‧布拉斯」區（Barrio de San Blas）是我最喜愛的一區，
這裡的街道巷弄不只狹窄而且陡峭，典型的西班牙式老房子
就蓋在古印加城牆地基上，漆成白色的房屋外牆加上紅色屋
瓦，走在這區特別讓人有種思古懷幽的氛圍，個人工作室、
小型藝術畫廊、別緻的手工藝品店街頭巷坊林立，「聖‧布
拉斯」區（Barrio de San Blas）也是庫斯科城頗負盛名的藝術

1. 切工精緻的巨石建築是印加人最偉大的工藝成就，名聞遐邇的「十二角石」
就在這條人行巷道內。（圖：梁鈺靖）
2. 市中心廣場附近的巷弄都很狹窄，單行道也特別多，路上常上演人車爭
道的景象，從這條窄巷往上走就會來到「聖‧布拉斯」廣場 (Plaza de San
Blas)。

工匠區。走到「聖・布拉斯廣場」（Plaza de San Blas），映入眼簾的除了一間建築古樸，用泥磚蓋成的天主教「聖・布拉斯教堂」（Iglesia de San Blas），位於廣場後方，一座造型典雅的水池也非常引人注目。

「聖・布拉斯教堂」（Iglesia de San Blas）最有名的就是教堂內一個用整棵樹幹雕刻而成的彌撒講道台，稱得上西班牙殖民時期，極致的木頭雕刻工藝代表作品。造型典雅的水池附近，現在則是當地年輕男女談情說愛，以及周邊居民孩童嬉戲玩耍的絕佳地點，水池上方的平台和小徑聚集不少外國嬉皮觀光客，他們一邊旅行，一邊賣著自己編織的手環

「聖・布拉斯」教堂
(Iglesia de San Blas)。

項鍊，生活倒也還算愜意 。另外，每週六的傳統跳蚤市集，攤販規模雖然不大，但有不少原創性的藝術品和手工藝品，比起店裡賣的，這裡更有機會挑到一些物超所值的好東西。入夜後的「聖‧布拉斯」區（Barrio de San Blas）比白天更加熱鬧，酒吧夜店除了每個星期幾場固定的樂團現場表演，有時還有酒品特惠時段，在這裡是越夜越美麗。

說到庫斯科的星期六市集，就不能不提當地人都知道的「星期六黑市市場」（El Baratillo），其實這裡賣的大都是二手產品和銷贓貨品，因此價格非常便宜，買家基本上是以當地人為主，小從一些古董錢幣、五金和手機用品，大到二手家具、機械器材應有盡有，生活貨品包括襪子、鞋子、衣服褲子等等，也都可以在這裡找到，另外一些民俗療法的藥品商品，吃的用的擦的，在這也是琳瑯滿目，如果想深入了解庫斯科人的風俗民情，一定不能錯過這個黑市市集，但閒

1. 「聖‧布拉斯廣場」（Plaza de San Blas）每週六的跳蚤市集。
2. 庫斯科當地有名的「星期六黑市市場」（El Baratillo），賣的大都是二手廉價商品，附近幾個街區商店也是當地人常常光顧的地方。

逛之餘千萬要小心自己的隨身物品，這區的偷竊搶劫比市中心廣場附近更囂張，我們常開玩笑說，不要逛完市集後，才發現自己的手錶、手機、照相機，也在這裡的黑市攤商內被廉價二手賣出。

　　由於庫斯科的高海拔，一般旅館和餐廳只要知道你是初到觀光客，一定都會建議甚至主動送上「古柯茶」（Mate de Coca），讓你舒緩高山反應症狀，路上也有人販賣一包一包裝好的古柯葉和古柯糖果，對於剛到庫斯科就要開始行程活動的觀光客，這些都是可以增加體力和減輕高山稀薄空氣帶來不適狀況的很好選擇；「古柯」一直以來就是南美安地斯山部落居民的最愛，在祕魯當地還廣為栽培，目前哥倫比亞、玻利維亞、厄瓜多等南美國家都有種植，雖然世界上大部分的國家都禁止種植古柯樹，也把它視為違禁品，但這些南美洲國家在國際場合上，每年都不放棄爭取「古柯」產品合法化的想法。

　　「古柯」在這些高山文明部落裡扮演非常重要的角色，除

餐廳提供的「古柯茶」（Mate de Coca）。（圖：梁鈺靖）

了當作鎮定劑、麻醉藥，還作為用來祭拜太陽神（Inti）和大地之母（Pachamama）的祭品，平日更是可以當作消除疲勞用的「提神品」，功能其實類似咖啡，只不過有心人萃取提煉成傷害人體的古柯鹼，讓原本只是單純用來安定神經用的葉子，現在變成會損害身體健康的興奮劑，被貼上毒品標籤的「古柯葉」真的是何其無辜。

在庫斯科生活的每日，「古柯茶」（Mate de Coca）就如同水一樣，幾乎餐餐都要來上一杯，有時需要耗費體力健行爬山，嚼幾片「古柯葉」來減緩疲倦和肌肉痠痛也是既有效又實惠的方法，我想只要到過安地斯山的人們，一定會同意「古柯樹」其實是老天爺賜給這些高山居民最好的禮物。

庫斯科城因為有來自世界各地的觀光客，所以吃的文化也很多元，義大利餐廳、美式漢堡、西班牙料理、亞洲美食、素食菜餚、中東及非洲烹飪都可以在市中心廣場周邊找到，另外，由於庫斯科就位在盛產馬鈴薯的聖谷附近，所以如果想要品嚐馬鈴薯大餐，料理方式煎煮炒炸樣樣都有，不管是整顆拿來燜煮當作主食，還是油炸成薯條，甚至是加上其他配料來煎炒，當地人餐餐都離不開馬鈴薯，庫斯科就有一道傳統料理叫做 Lomo Saltado，馬鈴薯炒牛肉和洋蔥配上青椒、紅椒還有特殊醬料，口味很大眾化也很東方。

祕魯當地的中式料理已經自成一格，而且還有自己的名稱叫 Chifa，類似中文諧音「吃飯」。中式料理在祕魯發展已有百年歷史，從十九世紀中後期，廣東沿海一代的中國人移民到這裡，帶來的飲食文化也間接影響祕魯當地人的飲食習慣，除了某些烹調原料有點小差異外，口味真的很熟悉，

1. 中式醬料清炒薯條、洋蔥和紅椒，庫斯科當地一般餐廳就可以吃到。
2. 加了飯的蔬菜湯，不用在中式餐廳裡就可以吃到這麼道地的東方料理。

炒麵炒飯在 Chifa 餐廳的菜單上一定少不了，湯湯水水的料理方式也已經深入當地人的生活中，尤其在這高海拔的庫斯科，晚餐偶爾來碗熱湯，讓人不由得整個溫暖起來。

提到庫斯科吃的文化，就不能錯過「聖‧佩特羅中央市場」（Mercado Central de San Pedro），這裡原本是當地人才會光顧的市場，但現在已經變成觀光客喜歡到此一遊的地方。市場內分為好幾區，有專賣手工藝品的店面、蔬菜水果區、肉類雜糧區、麵包酪農產品區和冷熱飲熟食區，當地庫斯科人常來這裡用早餐和午餐，以及購買蔬果乾糧等民生物資，這裡賣的各式各樣商品算得上物美價廉，不過偶爾還是會出現坑騙觀光客的狀況，尤其沒有標價的產品，購買前還是先到處問問才不吃虧。「聖‧佩特羅中央市場」（Mercado Central de San Pedro）距離市中心廣場約四個街區，步行就可以到達，營業時間從早上九點到下午五點半左右，想了解當地庫斯科人的生活飲食文化，一定要親自來這裡體驗看看。

足球一直以來就是拉丁美洲國家的國球，如同其他地

方，在庫斯科只要遇到當地隊伍比賽，整個城市就會陷入瘋狂，一大群人蜂擁往庫斯科的足球場擠去，如果想搶到好位子觀賽，至少要在球賽開始的三個小時前就準備好排隊，當然不同的票價會有不同的觀賞位子，但太晚進入球場，縱使你買了票也可能只剩下站票的份。為了體驗當地人對足球的狂熱，我事先託了個朋友買了張票，跟著大夥興沖沖的排隊進場，不曉得是因為高山空氣太稀薄，還是球員太過疲憊，整場球賽下來，觀眾比球員還要高亢和興奮，兩組庫斯科當地球隊無精打采的傳著腳上的球，看不出任何攻擊火力，場邊的觀眾倒是很捧場地吶喊加油打氣，我沒等比賽結束就先行離場，哪個隊伍的輸贏對我來說並不重要，只怕比賽一結

庫斯科「加西拉索足球場」（Estadio Garcilaso），四周高山環繞，建築結構能抵擋多變的高山型氣候，是南美洲公認出色的足球場之一。

1. 當天的維安警察和保全，專心看球賽的程度不輸場邊觀眾。
2. 場邊叫賣的烤肉串（Anticucho），有雞肉和牛肉串烤，在竹叉最上頭一定串了顆馬鈴薯，庫斯科街頭就可以找得到。

束不知道是否會出現無法控制的場面，算是體驗過當地居民的熱情，也欣賞過這個南美洲公認最出色球場之一的「加西拉索足球場」，這場比賽對我來說已經非常值回票價了。

俯瞰庫斯科城全景最佳位置，就屬「白色耶穌雕像」（Cristo Blanco）豎立的那座「紅山丘」（Cerro Pukamoqo/Rojo）莫屬，從市中心廣場步行而上需要點體力和時間，尤其是遇到一路往上爬升的階梯，會讓人有種永無止盡的感覺，不過好在沿途有古蹟美景相伴，偶爾還能看到成群結隊的駱馬和羊駝，喜出望外的心情讓整條路走來確實輕鬆不少。與「薩克塞華曼」（Saqsaywaman）印加古蹟遺址比鄰的「白色耶穌雕像」（Cristo Blanco），說是巴勒斯坦基督教徒在 1945 年所贈送的告別禮，為了感謝庫斯科在他們流亡時的收留，讓他們有個棲身之處，約八公尺高的耶穌雕像展開雙臂，凝視著庫斯科城，這尊雕像代表者著這群巴勒斯坦人的感謝，也希望這段過往歷史不被世人遺忘。

1.「紅山丘」(Cerro Pukamoqo/ Rojo )是俯瞰整個庫斯科城的最好位置,密
 密麻麻的房屋往對面的山坡地延伸,在地震頻繁的庫斯科顯得險象環生。
 「紅山丘」山頂上有個固定的表演藝人,他演奏下的凱楚阿音樂有種特別
 的悲涼和滄桑。
2. 位在「紅山丘」(Cerro Pukamoqo/ Rojo) 上的「白色耶穌雕像」(Cristo
 Blanco),代表當年一群巴勒斯坦人對庫斯科人民伸出援手的感謝。

「薩克塞華曼」(Saqsaywaman) 印加遺址考古公園，從這裡繼續往上走，左手邊最先出現的是「薩克塞華曼」，而與其比鄰而居的山丘上就豎立著「白色耶穌雕像」(Cristo Blanco)。

　　夜晚的白耶穌雕像更顯奪目，打上燈光的雕像站立在漆黑的山頭上，展臂的耶穌遠看就像個十字架，物換星移的歷史洪流，讓安地斯山的高山民族們對「祂」不再陌生，只能說時勢造英雄，不管當年西班牙人是奉上帝旨意前來，還是只是為了自己的黃金夢來佔領印加帝國，教堂、聖母和耶穌現在都是這些部落人民生活的一部分，歷史的功與過只能留給後人自己去評斷了。

　　從山頂望去，庫斯科城盡收眼底，密密麻麻的紅色屋瓦代表著這座古城因觀光客的青睞，變得越來越擁擠，旅遊旺季的市中心廣場周邊彷彿成為外國人集散地，當地部落人民變成少數民族，一間間的餐廳旅館、酒吧、網咖林立，喜歡

沿途出現的駱馬和羊駝，由駱馬兩耳上的紅緞帶和羊駝脖子上的線圈來看，這些動物都有自己的主人。

夜生活的歐美年輕人在這流連忘返，古印加文明不只吸引觀光客的目光，這裡更可以發現不少網咖、民宿餐廳、語言中心和旅行社的經營者都是來自西方的面孔，現在的庫斯科正用一種不同的兼容並蓄，接納歡迎來自世界各地對她懷有憧憬的人們。

# 讓人難以遺忘的巨石城牆

## 薩克塞華曼（Saqsaywaman）

　　初次見到「薩克塞華曼」（Saqsaywaman）印加遺址，目光就不由得被它排列整齊的巨大石塊所吸引，一層層堆疊而成的石牆呈「Z」字形排開，三道牆面綿延數百公尺，這裡是離庫斯科只有兩公里，也是名聞遐邇的古印加軍事和宗教古蹟堡壘，但這個遺址在當時真正的功能是什麼，到現在還是眾說紛紜。過去曾經有太多幸與不幸的故事在這發生，歷經戰亂、損毀和大自然的摧殘，幸運留下的城牆目前依舊屹立在廣場上，為幾百年來的歷史作見證，現今的遺址公園則是每個來到庫斯科觀光的旅客，一定要見上一面的地方。

　　近幾年的「薩克塞華曼」遺址探勘活動仍不斷持續進行，歷史考古學家們還在尋找當初印加人如何搬運這些上百噸重石塊的方法，加上只有原始工具的印加人，又如何在不使用任何像泥漿的黏著物下，仍將每塊巨石天衣無縫的鑲嵌疊起，而石頭間的縫隙卻連一張紙都無法穿過。就在代表每個歷史階段的文物古蹟拼拼湊湊中，這幾年遺址城牆附近又有新發現，據說是比印加人早了三百多年來到這裡的「克爾克文明」（Cultura Killke）所蓋的神廟，包括地下水道、噴泉和道路等，有些資料也證實，克爾克人應該是「薩克塞華曼」的原創者，而印加人只是照著他們的方法擴建這個軍事、宗

鋸齒狀或「Z」字形的石牆排列，最長可達四百公尺遠。

教堡壘，隨著更多有關「克爾克文明」，以及其他高山部落文明遺址的挖掘出土，或許未來有關印加建築奇蹟的謎團就能迎刃而解。

　　「薩克塞華曼」的石頭工藝技術讓它躲過好幾個大地震的摧殘，然而人為的破壞卻是這個古印加遺址最難預防的人禍，除了西元 1536 年，印加傀儡國王「芒科・印加」（Manco Inca）利用這個堡壘對抗西班牙入侵者的復辟戰爭中，就已經損壞不少，之後西班牙人重建庫斯科所用到的大大小小石材，也都是從這裡一塊一塊的搬走，從教堂、修道院和一間間西班牙式房屋，庫斯科裡可以看得到的石頭建

1. 石頭切工技術令人讚嘆，石縫間連一張紙都穿不過去。
2. 石牆平均有六公尺高，有些巨石可達一兩百公噸重。

築，大概都是「薩克塞華曼」所貢獻，這裡一度是名符其實的露天採石場，那些搬不動、帶不走的，就是現在我們看到碩果僅存的石牆，第一排石牆中有些巨大石塊重達一兩百公噸，想當初要搬運和完整切割這些石頭應該是相當費力而且耗時，縱使現在的規模已經無法與當年相比，但還是再一次讓後人見識到，印加文明石頭建築技術的爐火純青。

　　「薩克塞華曼」在凱楚阿語的意思是「斑點獵鷹」——印加傳說中的神鳥，相傳當時印加人使用精緻的金銀箔和各種奇特鳥類的羽毛來妝點這些石頭，不過當西班牙人看到這些延伸數百公尺的壯觀石牆，便主觀認定這個地方就是印加帝國用來保護庫斯科的軍事堡壘，但越來越多的考古研究顯示，「薩克塞華曼」或許不只是個堡壘，更是當時印加王用來展現豐功偉業和模擬戰爭的地方，可能具有特殊的政治和宗教目的。不論當初這裡的實際功能為何，現在則是凱楚阿人慶祝一年一度太陽神祭典「印蒂 · 拉伊米」（Inti Raymi）的重要場所，曾經被西班牙人禁止的太陽神祭典，

3. 從石門往上走可以通往石牆上方，比起壯觀的石牆，印加人對於「門」的結構建築似乎不是那麼在意。

4.「薩克賽華曼」(Saqsaywaman) 廣場與廣場另一頭的 Suchuna 丘陵，在丘陵平台上有印加皇室指揮慶典的石階檯位。

經過將近五百年的光陰流逝，終於在上個世紀中期再一次回到這些高山部落人民的生活裡，也重新賦予「薩克塞華曼」嶄新的生命和偉大的歷史使命。

# 謎樣般的聖地

## 肯寇（Qenqo）

　　「肯寇」（Qenqo）在印加古蹟遺址裡，或許不是最雄偉，也不是旅客最青睞的觀光景點，但它對古印加人的來世今生卻是最重要的地方，這裡曾經是印加人製作木乃伊和舉行死亡儀式的神聖場所，祭司們也借用獻祭駱馬的血流方向來佔卜預知未來。此外，遺址裡還有個類似半圓形的「劇場」，在劇場中央豎立的一塊大石頭，現在已經看不出原貌，據說被西班牙人當作異教形象給搗毀了，到底當時這個巨石雕刻是猴子，還是站立的美洲獅，現在就留給旅客自己去想像。

　　這個半圓形劇場也曾經是印加人祭拜太陽、月亮和星星的地方，沒有傳說中的活人獻祭，只用駱馬和羊駝當作供品，加上聖水和玉米酒（Chicha）的加持，「肯寇」（Qenqo）對當時的人來說，是與大自然神祇最接近的一塊聖地。

獻祭駱馬和羊駝的祭壇。

西班牙人把印加人的石像當作
異教處理，被毀壞的雕刻已經
看不出當初雕的是猴子，還是
站立的美洲獅。（圖：梁鈺靖）

# 印加貴族作 SPA 的地方
## 坦伯馬洽依（Tambomachay）

　　坦伯馬洽依（Tambomachay）離庫斯科約八公里，比庫斯科高三百多公尺，有些考古研究認為，這個地方是印加人祭拜水的聖地，也是印加貴族沐浴洗滌身體和心靈的休閒場所，在當時可能是另類的皇室後花園，錯綜複雜的水利系統和下水道設施，讓這裡全年都有用不盡的水資源，但直到今日，水源到底是從何而來，仍然沒有確定答案，另一方面由於居高臨下，以及鄰近庫斯科的地理位置，坦伯馬洽依也用作軍事據點，已經出土的崗哨堡壘證明，來往這裡的人與物都必須被檢查和監控。

源源不絕的泉水代表大地的繁殖力，平台最上方的四個壁龕，當時可能擺放了祭拜泉水的神像和供品。

# 4.

## 的的喀喀湖（Lago Titicaca）

# 與的的喀喀湖的邂逅

## （Lago Titicaca）

　　位於祕魯和玻利維亞之間的的的喀喀湖，是目前世界上最高可航行的淡水湖泊，遼闊的湖面、湛藍的湖水，將安地斯山的阿爾蒂普拉諾高原（Altiplano，原意為高原）點綴的更加耀眼迷人。

　　的的喀喀湖將近百分之六十的面積屬於祕魯，其餘的為玻利維亞所擁有，於是祕魯當地便常常拿的的喀喀湖開玩笑，說「的的」給了我們祕魯，而剩下的「喀喀」才分給玻利維亞，西班牙文中的「喀喀」（caca）其實是「糞便」的意思。當然鄰居玻利維亞人肯定是笑不出來，但的的喀喀湖的名稱是怎麼流傳下來，又是依據什麼命名，當地人也不太清楚，只知道這裡是好幾個高山人類文明的發源地，像是祕魯的普卡拉（Pukara）和印加文明（Inca），以及玻利維亞那頭的戚里峇（Chiripa）和蒂瓦納庫文明（Tiwanaku 或 Tiahuanaco），其中又以印加和蒂瓦納庫文明最為著名。

　　印加傳說中流傳印加文明的創始者，太陽之子「芒科・卡帕克」（Manco Cápac）就是從的的喀喀湖誕生，之後才在庫斯科成為國王；而位於的的喀喀湖東南方約二十公里的蒂瓦納庫，文明起源則比印加早了近千年的時間，後起的印加人承襲不少這個古文明的建築工藝技術，她也是第一個統

一的的喀喀湖周邊部落的南美文明。

　　的的喀喀湖這個曾經孕育好幾個偉大人類文明的高山大湖，有關她的傳奇故事仍讓世代居住在這裡的人們相傳不斷，考古學家們也鍥而不捨的想一探她神祕面紗下，究竟還埋藏多少偉大的人類遺跡，從陸面到湖裡，探尋工作至今依舊不斷持續進行。

　　的的喀喀湖高於海平面 3,810 公尺，湖水最深深度可達 280 公尺，降雨量主要集中在每年的 12 月到隔年 3 月，5 月正式開始進入乾季直到 9 月份，其中 6 到 8 月的早晚溫差最大，白天太陽紫外線足以讓人灼傷，但夜晚溫度又會遽降到零度以下，對於靠湖而生的當地人，生活確實相當不易。湖邊兩個最大的城鎮分別是祕魯的普諾（Puno）和玻利維亞的「科巴卡巴那」（Copacabana），也是兩個觀光客最常造訪的地方，因為想要一睹的的喀喀湖湖面風光，必須從這兩個城鎮的碼頭上船，岸上有不少攬客的旅行社和船公司，可以直接跟他們購買船票和遊程。

　　從普諾（Puno）起往南的祕魯安地斯山區，凱楚阿語和艾馬拉語在各個城市鄉鎮並存，不像以北的山區，當地方言只有凱楚阿語一枝獨秀。普諾這頭的的的喀喀湖擁有較多特殊人文和大自然景觀，而科巴卡巴納那邊的則是人類古蹟遺址色彩濃厚，兩邊各有自己不同的特色，但相較起來，祕魯普諾這方的旅遊業或許開發的比較完善，所以讓人有種少了點淳樸，多了些商業氣息的感覺，不過能親身體驗高山湖泊居民的島上生活，就算只是到此一遊也是值得。

# 的的喀喀湖上的遊牧民族

## 烏羅人（Uros/Uru People）和他們的蘆葦島（Islas Flotantes de los Uros）

　　說到蘆葦島，就不能錯過這一群以的的喀喀湖作為家的民族「烏羅人」（Uros），這些漂浮島居民曾在上個世紀中因生活不易，只好拋棄原本的島上生活，往陸地城鎮普諾（Puno）尋求新的發展，差點讓「烏羅人」特有的水上漂浮生活從此消失匿跡，直到上個世紀晚期，越來越多從庫斯科來訪的觀光客，讓這裡的島民重新燃起希望，藉著觀光收入改善原本貧困的生活，也讓越來越多的島民願意回到原本的蘆葦島，照著自己祖先的生活方式繼續下去。

　　目前官方統計的蘆葦浮島大大小小有四十多個，不過據當地島主的資料介紹，實際的蘆葦島現在有六十個，大部分的島都開放給觀光客參觀，其中有二十五個屬於私人家庭，以捕魚為生，不開放給外來人進入，島上人家約有兩千五百人左右，有自己的教堂、學校和簡易的衛生所提供基本醫藥協助，生活還算自足自給，不過他們也會來來回回普諾和湖間，除了補給一些生活用品，偶爾也會住在岸上的家，但有越來越多的烏羅人寧願完全定居在蘆葦島上，生養他們的下一代。

　　烏羅人的傳說中，他們比太陽存在還久，屬於蒂瓦納庫文明的後代子民，印加人之前就已經生活在水上，「烏羅」

的的喀喀湖上的蘆葦浮島，越來越多觀光客的造訪，也讓蘆葦島的數量規模越來越多。（圖：梁鈺靖）

（Uro 或 Uru）這個字可能就是源自於玻利維亞的「烏羅—烏羅湖」（Lago Uro-Uro 或 Uru-Uru），烏羅族祖先原本居住的地方，但六百多年前隨著印加帝國的擴張，為躲避印加人的侵略，族人只好放棄家園搬到的的喀喀湖，過著湖上人家的生活，遠離陸地上的紛擾，但爾後與普諾城鎮的艾馬拉人（Aymara）頻繁貿易和通婚往來，使得烏羅人（Uros）的語言和文化也間接慢慢被同化。

現在的「烏羅—艾馬拉人」並不會說烏羅語，反而使用艾馬拉語，目前蘆葦浮島上住的兩千多人是否都是烏羅人，對觀光客而言很難從外表去判斷，據說一些和艾馬拉族

通婚的烏羅人，也就乾脆住在陸上生活了。

由於烏羅人特殊的歷史背景，除了艾馬拉語外，有些也會說凱楚阿語，負責招呼觀光客和作簡介的島主，西班牙文也很流利，已經習慣和外來客打交道的島民，俐落推銷著他們的手工藝品，對以捕魚和打野鳥維生的居民來說，這無疑是不錯的額外收入。說烏羅人是的的喀喀湖上的遊牧民族實至名歸，不管這些蘆葦浮島是否因為觀光客的偏愛才再次存在，甚至有人質疑這些島活像真實版的迪士尼樂園，但不能否認的，烏羅人遊牧民族般順應環境而生的韌性，才能讓蘆葦島的傳統生活方式得以延續。

每個蘆葦島深約兩公尺，用一種長在湖邊隨處可見的Totora 蘆葦建造而成，蘆葦島平均壽命大概二十五年，每隔幾個月就要補上新的蘆葦，特別是雨季時蘆葦腐爛的快，新蘆葦的替補頻率要更高，為防止島隨著湖水漂流，現在的島上人家用錨從湖底固定住浮島。就在島主很認真地講解蘆葦島生活的甘苦談同時，他竟突然冒出一句：分家時只要用鋸子把島切出去就可以。不知道島主是開玩笑還是認真的，我們也調侃島主說，如果兄弟、夫妻間失和，大家只要自備一把鋸子就可以各自獨立生活，聽來似乎也挺簡單方便。

我們所參觀的蘆葦島屬於較小型浮島，只有三戶人家而已，有些較大的蘆葦島甚至可以住上十戶人家，此外，島民也會自己飼養牲畜，但大部分都在離主島不遠的獨立小島上，廁所也是獨立分開，有些蘆葦屋舍內還會擺上一台電視機和收音機，「現代化」的蘆葦浮島生活還算愜意，麻雀雖小五臟俱全。

1. 島主正在介紹如何用 Totora 蘆葦建造浮島。
2. 養在蘆葦主島附近的豬隻,四面環湖完全不需要豬圈,更不怕豬跑掉。(圖:
　梁鈺靖)
3. 用假道具完整呈現蘆葦島的生活方式和型態。
4. 專門載觀光客遊湖的蘆葦船,我們一團人沒人願意多付錢上船,或許覺得
　太商業化,也或許一堆隨行在側虎視眈眈準備要錢的人讓大家感覺太差,
　所以最後決定乾脆就別搭了。

# 與凱楚阿人的重逢

## 阿曼達尼島（Amantaní Isla）

　　兩天一夜的的的喀喀湖行程，晚上便落腳在阿曼達尼島（Amantaní Isla），這裡是一個你必須「慢走」的地方，不只因為高海拔的稀薄空氣讓人快不起來，島上也禁止車輛、機車這些現代化交通工具，所以上上下下都得靠步行。

　　阿曼達尼島沒有旅館，一般來這裡過夜都是住在當地人家裡，由於島上供電不足，並不是每戶人家晚上都有電燈，所以自備手電筒以防半夜不時之需是很重要的。當地有農作物耕種，馬鈴薯、麥和番茄蔬菜等都不虞匱乏，不過來到島上過夜，卻有一條不成文規定，上船前導遊就會建議大家帶

伴手禮。

當地婦人正在岸邊等待她今晚要招待的旅客。

點伴手禮，像米、麵條、蛋或是水果都可以，普諾（Puno）碼頭附近就有一整排商家販賣這些生活物資，很顯然是一整套的商業模式，其實島上就有小雜貨店，裡面的東西應有盡有，或許是希望觀光客能花點錢幫助島上居民，是否想準備伴手禮，大家就自己決定吧。

　　阿曼達尼島住的都是凱楚阿人，相傳印加文明的創始者就是從的的喀喀湖誕生，因此從那時候起，凱楚阿人便定居在這個島上，包括距離這裡不遠的塔奎利（Taquile）島也是，兩個島的地貌和生活方式其實很相似。阿曼達尼島島上有兩座丘陵，一座叫 Pachatata，凱楚阿語的意思是「大地之父」，另外一座叫 Pachamama，意思是「大地之母」，兩座丘陵上頭都有古蹟遺址，從碼頭往山頂參觀，來回大概要三、四個小時左右，沿路指示牌上標註的海拔為 4,072 公尺，所以想上到山頂上去一覽的的喀喀湖美景，一頂遮陽帽、一件防寒外套和一罐瓶裝水是必要裝備。

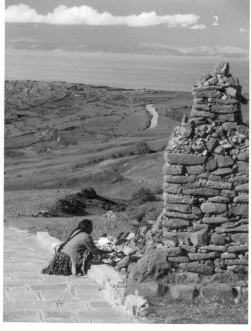

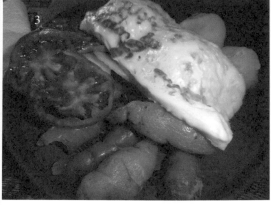

1. 山頭頂端是 Pachatata（大地之父），四月天正值乾雨季之交，仍可看到一大片綠油油的麥田和馬鈴薯田。
2. 販賣給觀光客的手工藝品收入，是當地人額外的生活來源。
3. 當天的素食晚餐，當地種植的紫色、黃色塊莖作物增加不少風味。

往的的喀喀湖那頭望去，海闊天空一覽無遺；太陽外型的石頭門，搭配上萬里無雲的天空，讓蜿蜒無止盡的石頭路多了些驚喜和期待。

由於地處高海拔，阿曼達尼島的紫外線非常強烈，白天艷陽高照，但平均溫度卻只有十幾度，太陽露臉的日子裡，氣候算是舒適，加上阿曼達尼島並不大，治安也算良好，所以到處走走，其實非常舒服，更沒有安全上的顧慮，而且這裡已經很觀光商業化，當地人對外來客也都習慣為常，島上平日能作的活動並不多，除了

高海拔長在石頭縫中的不知名花。

農忙之餘上上教堂、編織手工藝品，年輕人就是一群一群聚在一塊踢足球，生活也倒過的安逸實在。

島上與凱楚阿家庭的一夜相處，事實上很難一窺他們真實生活樣貌，住宿家庭採分配制，不管你是參加旅行團還是

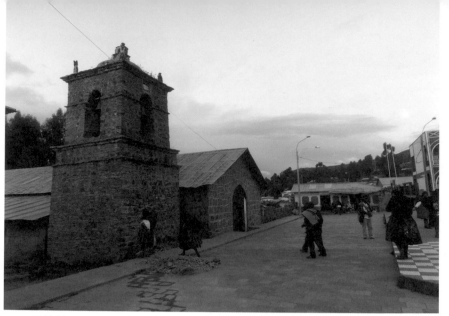

日暮低垂，教堂附近的人們正紛紛地走回家去。

自己與船公司報名登記，他們都有配合的當地家庭，價錢
和住宿的村落也都不同，據說是島上居民可以接受的公平輪
流方式進行，畢竟接待觀光客的收入，對島上大部分人家來
說，算是一筆不小的經濟來源。至於來到此地觀光，如果只
是抱著體驗一下的的喀喀湖島上生活去看待，到處走走參觀
一下，欣賞大自然原始風貌與享受湖面寧靜氣氛，阿曼達尼
島絕對是不虛此行，但如果有更多期待希望能與住宿家庭互
動，了解當地人真正的生活方式，這就要看住宿家庭本身的
狀況，這裡的居民大都把觀光客當作「客人」，除了推銷手
工藝品，不然就是打出貧窮牌換取同情，無不希望大家能再
多掏出一些錢來，說他們市儈也好，現實也罷，有些人抱怨
太商業化，有些人覺得能幫上忙是人生功德一件，同情與不
同情的分寸就讓觀光客自己去拿捏了。

# 5.
## 阿雷基帕（Arequipa）

# 白色之城的美麗與哀愁

阿雷基帕（Arequipa）

　　阿雷基帕（Arequipa）素來有「白色城市」的稱號，主要是古城區內大部分的建築物都是白色火山岩石所蓋成，城內並沒有任何印加古蹟遺址，是一個擁有印歐麥士蒂索（Mestizo）風格的殖民城市，這裡你看不到西班牙式建築覆蓋在印加地基上的特殊景象，走在這個城市內，白色建築的浪漫、西班牙殖民的色彩，反倒讓人多了些古往今來的遐想。

　　阿雷基帕於西元 1540 年由法蘭西斯柯・皮薩羅（Francisco Pizarro）的特使中尉加西・馬努耶德加爾巴哈（Garcí Manuel de Carbajal）所建成，現在則是一座超過八十五萬人口，僅次於首都利馬的第二大城，與周邊的衛星城市形成祕魯第三大都會區。

　　位於戚里河谷流域（Valle del Chili）的阿雷基帕，三座主要火山在城市的東邊，由北而南分別是查查尼（El Chachani）、米斯蒂（El Misti）和比丘比丘（El Pichu Pichu），當地海拔為 2,335 公尺，附近的查查尼火山高於海平面 6,075 公尺，是三座火山中最高的一座，而其餘的兩座也都有 5,500 公尺以上。由於特殊的地理環境加上位在環太平洋地震帶上，所以這個地區的地震相當頻繁，從建城到現在的四百七十多年間，有紀錄的大地震就有八個，其中十七

世紀和十九世紀的兩次地震使得城內的大部分建築幾乎全毀，最近的一次發生在 2001 年，芮氏 7.9 級的大地震也讓城市受損嚴重，古城區內三分之一的建築在地震中遭到破壞，這個美麗的白色城市在地震發生前一年，歷史古城區才被聯合國教科文組織（UNESCO）列為人類文化遺產，結果還是躲不過天災的摧殘。

事實上，停留在阿雷基帕的短暫日子裡，就已經讓我感受到當地地牛翻身的威力，記憶猶新的一場地震就發生在黎明破曉時，雖然台灣的過往經驗讓我不至於驚慌失措，但突然的轟隆巨響從地面傳來，半夢半醒間還是讓人心驚膽顫，以為是哪個莽撞的卡車司機撞進民宿大門來，或許地震在這裡太頻繁也太平凡，民宿外頭一片寂靜，似乎沒人在意這場習以為常的生活小插曲，天色漸漸明亮，但仍難掩惺忪睡意，只好回房倒頭再睡回籠覺去。

阿雷基帕名字由來有兩種說法，一個是取自凱楚阿語中的 Ari Quipay——「是的，我們留下」，相傳印加國王來到這裡，被當地的美景所震撼，隨行人員便附和回答說 Ari Quipay——「是的，我們留下」，而另一個則是艾馬拉語中形容這個地方位於「山峰的後面」（Ari：山峰，Quipay：後面），因此而得名，其中所指的山峰應該就是離阿雷基帕城最近的米斯蒂火山。

雖然西班牙人之前的印加文化觸角曾經延伸到此，但就目前考古研究，這裡卻沒發現一個具規模性的印加城鎮，比印加人更早來到這區的兩個民族「卡巴那」（Cabana）和「科亞瓜」（Collagua），印加帝國擴張時期採臣服合作方

1. 在科卡峽谷上頭賣早餐和手工藝品的「卡巴那」(Cabana) 婦女。
2. 左邊是「科亞瓜」婦女傳統服飾，右邊顏色豐富的則是「卡巴那」族人傳
   統服飾。
3. 戚里河（Río Chili）和米斯蒂火山（El Misti）。
4. 阿雷基帕機場和米斯蒂火山 (El Misti)。

式，定居在附近的河谷山區經營農耕，之後歷經西班牙人統
治，雖改變了原有的生活方式和信仰，仍順利保存住自己的
文化和傳統。目前這兩大族群落腳於科卡峽谷（Cañón del
Colca）的周邊村落，主要經濟來源如同大部分的高山部落

聖塔 ‧ 瑪爾塔白教堂 (Iglesia Santa Marta) 與米斯蒂火山形成一幅美麗的景緻。

一樣，除農牧業外，就是倚靠外來觀光收入，很多慕名前來阿雷基帕參觀的旅客，都是為了目睹科卡峽谷的安地斯山兀鷹而來，熱絡的觀光人氣也帶動了附近城鎮的相關產業。

　　阿雷基帕建城的同時，市中心廣場（Plaza de Armas）的主教堂也在同一年開始她的建築工程，然而創始教堂卻多災多難，在經歷多起重大地震和火山爆發，最終在十七世紀初不敵一場大地震而完全毀壞，現在看到的這座主教堂其實完工於西元 1656 年，雖也曾遭遇多次地震的蹂躪，但仍屹立不搖將近兩個世紀的時間，直到 1844 年的一場大火，不只燒掉了多個建築體結構，連教堂內珍藏的畫作、傢俱也難

逃祝融。重建後的主教堂在 1868 年又因一場地震毀掉大半，整修後的教堂收到比利時捐贈的管風琴，琴聲迴盪下的祝禱聲，點綴了這個羅馬天主教堂的肅穆和莊嚴，雖然 2001 年的大地震讓教堂的主要兩座鐘樓受損嚴重，但維修重建後的教堂又恢復以往的光彩，直到現今都是祕魯最獨特的新古典殖民教堂。

教堂前的市中心廣場是歷史古城區內居民最重要的休閒

1. 座落在市中心廣場的主教堂（Basílica Catedral），一大群勞工團體在這裡遊行抗議。
2. 夜晚的主教堂。

1. 市中心廣場中央的大型噴水池。
2. 養在市中心廣場的鴿群們。

集會場所，廣場正中央的噴水池現在也是著名的地標之一，附
近街道呈棋盤式排列，人行步道規劃非常完善，商家店面林
立，周邊其他博物館和教堂、修道院也都是步行就可以到達。

　　聖塔・凱塔莉娜修道院（Monasterio de Santa Catalina）
距離市中心廣場只有幾分鐘路程，外觀看起來像個堡壘，高
聳堅固的外牆曾經是隔離修女和凡夫俗子兩個世界的圍籬，
直到上個世紀七十年代，因為一場大地震讓修道院受損嚴
重，這間私人修道院在外來資金協助下進行整修，也為配
合支付現代化後的水電和保養管理等費用，從那時起才開使
開放給外人參觀，讓大家能一探近幾百年來修女們的生活起
居，院內收藏不少極富價值的天主教相關畫作和聖品，另外
巷底內一間對外開放的咖啡廳，也很適合讓遊客細細品味修
道院裡寧靜安詳的氣氛。

　　聖塔・凱塔莉娜修道院（Monasterio de Santa Catalina）
的建築石材，是典型來自查查尼火山的白色岩石，內部顏色
以白、紅、藍三色為主，佔地超過兩萬平方公尺（六千坪
以上），裡面有將近一百間的單人小房間，十七世紀擴建

後，居住人數最多達到四、五百人，至於房間主人的故事版本有兩種，內容說法大相逕庭。目前仍有二十多位修女住在院內北邊的一小塊區域，除了此處沒有對外開放，其他部分都提供給民眾參觀。

「瑪麗亞·德庫斯曼」（María de Guzmán）是聖塔·凱塔莉娜修道院的第一位永久居民和院長，相傳她非常富有，由於膝下沒有子女，於是她在丈夫過世後，乾脆把財產全部捐出，投入修建這座當時尚未完工的私人修道院，西元1580年一落成，她便搬進修道院居住。至於之後來到修道院裡的修女，她們的來歷及生活方式卻有兩種截然不同的故事版本，或許都有部分的真實，部分的杜撰，也或許兩個版本的混合才是事實的真相，畢竟高聳圍牆內的修女世界，本來就不是外人能一探究竟的地方，所以故事內容到底哪些真哪些假，就由參觀的遊客自己從修道院裡去找蛛絲馬跡了。

故事的第一版本，也是修道院官方簡介的說法，敘述著當初來到聖塔 · 凱塔莉娜修道院的婦女，不是印歐混血人家的女兒，就是來自當地部落家庭，修道院本著見習修身的立場，專門接納那些沒有住所的貧窮修女，即便不是為了信奉天主教而來，那些願意來修養品德的城內婦女也能進到修道院裡居住。但似乎不得庇佑般，修道院在歷經阿雷基帕幾次強烈大地震後，損毀非常嚴重，修女們的共同宿舍早已無法居住，連院內被震垮的小禮拜堂也籌不出錢來整修，得知這種情況後，修女的家人為了讓自己的親人能在修道院裡平靜生活，也為了照顧日益增加的修女人數，於是便決定重新建造私人房舍及恢復院內往日風采，進一步為確保修道院的

1. 修道院裡的通道，塞維亞街（Calle Sevilla）。
2. 哥多巴街（Calle Córdova），仿西班牙南部安達魯西亞街道。
3. 房間內部擺設。
4. 用陶甕作成的洗衣台。

1. 廚房和烤爐平台。
2. 牆上都是聖經故事的畫作。
3. 畫裡表現出當時印加人對大自然神明的敬畏和崇拜。

生活能自足自給，家人們更是不吝嗇提供經濟方面的援助，畢竟修女奉獻一生為神服務，對修女自身的家族也是件再光榮不過的事。從十七世紀後到祕魯獨立前的兩個世紀，修道院內不斷進行修繕和擴建，這些工程足以作為當時西班牙殖民時期建築的典範。

　　故事的另一版本則更增添了人性的精彩面，據說當時修道院完工後，院內只接受來自西班牙上層家庭的婦女，而且凡是進到修道院見習的修女都需繳交一大筆費用，就連房間住所和活動範圍也都有社會階級之分，修道院全盛時期，院內生活人數曾達到五百人之多，但其中卻有三分之二是僕人和奴隸，他們的工作就是專門服侍院內的這些修女，修女們在修道院裡除了例行的頌禱和見習外，富有的她們平日作作女紅及烘培食物，甚至邀請當地的音樂家來為定期的聚會表演助興，這樣吃喝玩樂兼見習的富裕環境持續了兩百多年，直到西元 1871 年，傳到歐洲那頭的羅馬天主教教宗庇護九世（Pope Pius IX）耳裡，他為一改院內的奢靡風氣，於是派了一位拘謹嚴格的修女到聖塔 · 凱塔莉娜修道院重新整頓，除了遣散僕人和奴隸，也重新讓修女們回歸簡約的入世生活。

　　阿雷基帕城內的博物館及市中心廣場周邊的西班牙殖民建築也非常值得參觀，例如像「安地斯聖殿博物館」（Museo Santuarios Andinos）珍藏一具在十五世紀時獻祭給印加神明的十四歲少女「華妮塔」（Juanita）木乃伊，這個印加冰人少女在 1995 年時，由一位人類學家在科卡峽谷（Cañón del Colca）附近海拔六千多公尺的 Ampato 雪山找到，雖然她不是唯一一個在印加時期被獻祭的年輕男女，但她的保存狀況

阿雷基帕考古博物館—納斯卡文明（Nazca, 100–800 A.D）時期出土的木乃伊。

是最好也是最有名的一個。另外，如果想了解阿雷基帕周邊安地斯高山人類，在六、七千年前如何過著採集、狩獵的生活，「考古博物館」（Museo Arqueológico）是非常不錯的選擇，裡面展示出土的文物、器皿和好幾具不同時期的人類木乃伊，大概可以勾勒出當時原始部落的生活狀況，展館雖然沒有完善的設備，但也不失是個了解當地人文特色的好去處。

　　阿雷基帕城在西班牙統治時期就扮演經濟重鎮的角色，目前生產的駱馬、羊駝紡織成品與鄰近國家都有貿易往來，祕魯市場高級的羊毛生產工廠幾乎都座落在這裡。知名羊駝品牌集團自己擁有的博物館「羊駝世界」（Mundo Alpaca），就在市中心廣場五個街區的不遠處，園裡介紹了整個羊駝紡織業的發展歷史和服飾配件的製作程序，圈養在園區內的駱馬和羊駝也是一大特色，裡面還有專人穿著傳統服飾現場展示織布過程，博物館園區除了非常寓教於樂加上是免費入園參觀和鬧中取靜的地點，現在吸引越來越多的遊客前往。

　　如果已經厭倦了餐廳裡的祕魯料理，聖·卡米洛傳統市場（Mercado San Camilo）絕對是可以嚐嚐當地美食的地方，

1. 羊駝世界（Mundo Alpaca）園內展示的舊機台。
2. 使用不同的植物當染料，讓羊駝毛製品更添增色彩。
3. 聖・卡米洛傳統市場（Mercado San Camilo）。

市場內攤位規劃井然有序，二樓角落還有生禽鳥類販賣區，對阿雷基帕居民來說，這裡是他們最常閒逛的購物中心，據說這個市場已經有一百三十多年的歷史，每日開放從一早到傍晚六點左右，除星期天比較早休市外，幾乎全年無休，市場附近的街區也零售有餅乾乾糧和一些零食點心，很適合觀光客走走看看，在滿足好奇心之餘一定要隨時檢查自己的隨身物品，畢竟人多擁擠的地方還是要提高警覺。

白天的阿雷基帕治安還算良好，市中心廣場周邊走走逛逛也很少聽到搶劫的新聞，離市廣場約兩公里遠的「亞納瓦拉觀景平台」（Mirador de Yanahuara）十九世紀建造，就像城內其他建築一樣，都是使用白色火山岩石修築而成，這裡是欣賞米斯蒂火山（El Misti）和城市美景的最佳地點，亞納瓦拉區內狹窄的街道巷弄和牆上的盆栽造景，初次見到，很容易讓人誤以為來到了西班牙南部的哪個小鎮，但緊鄰大馬路的辦公大樓、銀行和購物中心矗立，同個空間兩種迥然不同的環境氣氛，也算是阿雷基帕另一種特殊的景象。

看似平靜又美麗的阿雷基帕城，事實上治安也亮起紅燈，當地攤販婦人和民宿老闆娘不斷提醒我要小心自身安全，尤其入夜後就盡量不要在外頭遊蕩，因為這幾年遊客的湧進，雖然為這座白色城市帶來不少觀光收入，但很不幸的，眾多的遊客也意外成為歹徒眼中的肥羊，偷竊、搶劫甚至撕票悲劇時有所聞，當地人談起這些陳年往事都還心有餘悸，畢竟身為祕魯第二大城，人口結構本來就比較複雜，所以還是得處處小心，留意周遭的人。

從「亞納瓦拉觀景平台」欣賞米斯蒂火山之美。

# 三天兩夜的健行路

## 科卡峽谷（Cañón del Colca）

　　科卡峽谷的壯麗讓很多喜愛戶外活動的國際登山客慕名而來，科卡河從祕魯南部高於海拔五千公尺的安地斯山區順流而下，河流綿延四百五十公里後從太平洋的卡瑪那市（Camaná）出海，河的中上游段切割一大片山谷形成長達一百公里長，三千多公尺深的科卡峽谷，之後與接續的「瑪黑斯河」（Río Majes）徜徉而去。科卡峽谷內最著名的就是它特殊地形所孕育出的安地斯兀鷹和片片梯田，隱密的山谷地形和豐富的自然生態，提供安地斯兀鷹一個安全棲息的環境，而片片梯田早在印加文明前就已經存在，兩個比印加人更早來到這片峽谷的民族「卡巴那」（Cabana）和「科亞瓜」（Collagua）在此使用梯田耕種玉米至今有千年歷史。

　　十五世紀時期正值印加帝國領土擴張階段，這兩個民族臣服於印加帝國的統治，安然過著他們原本的生活，那時數量眾多的梯田在峽谷內到處散佈，直到十六世紀中期後，西班牙征服者來到這裡，他們重新整頓以及規劃當地居民新的住所，並把住在山區的居民集中遷移到村莊裡以便管理，從那時起大家便開始耕作離自家比較近的田地，因此峽谷內的梯田數量也跟著銳減。

科卡峽谷內的人造景觀──梯田。

　　西班牙殖民時期建立了十四個主要的居住村落，目前我們在峽谷周邊仍可看到的重要鄉鎮如「奇法易」（Chivay）、「揚給」（Yanque）、「瑪卡」（Maca）和「卡巴那貢德」（Cabanaconde）都是自當時就保留下來，從這些地方都擁有一座令人驚豔的教堂就可以看出端倪，西班牙人帶來的天主教信仰和文化在科卡峽谷內扎根。

　　位於海拔 3,600 公尺高的「奇法易」是峽谷區內最大城鎮，附近一帶蘊藏的溫泉據說具有特殊的療效，這區所富含的礦產像是金、銀、鉛等，印加文明時期就已經開採，後到的西班牙人又接著陸續開發。「奇法易」座落於阿雷基帕城

（Arequipa）北邊約三個半小時車程的地方，沿途經過一大片位在海拔 4,200 公尺高的國家自然生態保護區，以及高於海平面 4,850 公尺的「巴塔邦巴觀景點」（Patapampa），視野景觀非常壯觀遼闊。

從「奇法易」繼續往科卡峽谷的健行步道起點「卡巴那貢德」前進，需要另外一個多小時的車程，不過中間經過的瑪卡鎮（Maca）和安地斯兀鷹觀景點（Cruz del cóndor）都是值得遊客佇足的地方。瑪卡鎮上一座西班牙殖民時期就建造的教堂，白色建築結合巴洛克和印歐的麥士蒂索（Mestizo）風格，在上個世紀末一場地震中歷劫重生，修整後的教堂才再次回復昔日的莊嚴。而位於海拔 3,700 公尺高的安地斯兀鷹觀景台則是常常人山人海，每個來到科卡峽

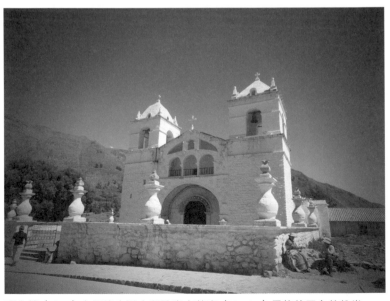

瑪卡鎮 (Maca) 上巴洛克混合印歐麥士蒂索 (Mestizo) 風格的天主教教堂。

谷的遊客都希望能見上安地斯兀鷹一面，不過是否能親眼目睹牠們遨遊天際的「鷹姿」，這全然要靠個人運氣，通常從4月到12月的乾季季節裡，是比較有機會能觀賞到峽谷內各類禽鳥和安地斯兀鷹。

　　科卡峽谷的登山健行路線非常多種，從兩天到一個星期的都有，全看個人預算和體力來決定，登山客最常選擇的路線通常都是從海拔3,287公尺高的「卡巴那貢德」（Cabanaconde）出發，沿著山壁小徑上上下下穿越高於海平面2,000公尺的科卡河，走上兩天到四天的健行行程，最後回到「卡巴那貢德」（Cabanaconde）繼續參觀峽谷周邊的鄉鎮。科卡峽谷健行除了能體驗群山峻嶺之美，沿途參觀的幾個安地斯小村莊及溫泉區，也能感受當地不同的人文和

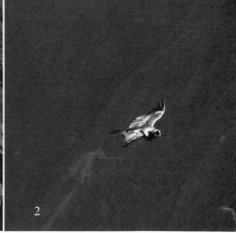

1. 欣賞安地斯兀鷹的觀景點（Cruz del cóndor），隨著越來越多的觀光客和大型巴士湧進，當地政府的擴寬道路計劃，讓不少人憂心安地斯兀鷹將會面臨棲息地被破壞的窘境。
2. 安地斯兀鷹以吃腐肉維生，展翅翱翔時的翅膀間距可達三公尺寬。

1. 「巴塔邦巴觀景點」（Patapampa）位於海拔 4,850 公尺，此處的視野是欣賞四周長年積雪火山的最好地點，來過這裡的遊客留下成千上萬堆疊而起的石頭，當作為自己祈福的見證。
2. 海拔 4,200 公尺的國家自然生態保護區，除了圈養的駱馬、羊駝還有安地斯山特有的野生動物和鳥類。

自然景觀，由於健行路線並不複雜，所以一些經驗豐富的國際登山客選擇自己帶著地圖前往，不過如果不想冒著風險，阿雷基帕市中心廣場附近就有很多旅行社代辦健行行程，價錢其實不會差太多，可以多問問再作決定，科卡峽谷的美非常值得多停留幾天來細細品味。

　　五月豔陽天的科卡峽谷才進入乾季不久，山谷內仍是到處綠油油一片，我們一行十多人凌晨三點半就風塵僕僕從阿雷基帕出發，用過早餐及觀賞完安地斯兀鷹後，早上十點不到便從「卡巴那貢德」啟程，立即開始三天兩夜的健行路。

　　第一天的健行路線一路往下直到科卡河，大夥兒沿路走走停停，一邊欣賞峰巒嶙峋，一邊俯瞰山壑險峻，約莫五個小時便來到第一晚住宿村莊「聖‧胡安德初丘」（San Juan de Chuccho），由於科卡峽谷登山健行也是近年來很受歡迎的觀光行程，所以一路上並不孤單，上下來回峽谷的登山健

行客不在少數。

　　第二天的健行行程顯得愜意許多，連續走了兩個多小時後，來到兩處位在科卡峽谷山壁上的安地斯村莊部落，聽起一位「瑪拉他」（Malata）村莊解說員介紹當地的人文特色和生活方式，對於目前村莊的現況，不由得起了惋惜之心。因為村莊部落太過偏僻，進出交通也很不方便，所以越來越多的年輕人寧願搬往附近最大的鄉鎮「卡巴那貢德」居住，也不願意留在自己的村落，這裡的村莊猶如多數的安地斯高山村落一樣，居民人口面臨逐漸老化和凋零，未來或許只剩下老弱婦孺還居住在當地。

　　解說員口中的當地人文和生活習慣讓我有股莫名親切感，如同庫斯科附近聖谷一帶的居民一樣，這裡也使用家釀玉米酒（Chicha，直譯：戚治）獻敬「大地之母」（Pachamama）及進行慶典儀式，而且也保留傳統以物易物和資源共享的方式與其他部落聯絡交流。以現代的觀點來看，以物易物和資源共享稱得上最好減輕經濟負擔的方法，但村民得翻山越嶺帶著騾和驢走上一天的時間才到得了附近村落，對當地居民來說，這也是一段相當辛苦的交易過程。在結束「瑪拉他」參觀行程後，接下來的一個半小時就是往第二晚的下塌地點前進，那時已經不聽使喚的雙腳拖著疲憊的身軀，步履蹣跚地繼續向前走。

　　最後一天趁著天色仍漆黑，大家起了個大早，四點多就啟程出發，為了的是避免太陽升起後曝曬所帶來的不適，第三天的回程路段是三天來最崎嶇也最艱難的，三個半小時要往上爬升將近一千兩百公尺，雖然只有短短五、六公

1. 嶙嶙群峰的科卡峽谷。

2. 山谷裡的白色點點都是安地斯村莊部落矮房。

位於海拔 2,000 公尺高的科卡河（Río Colca）和通往第一晚住宿村莊「聖‧胡安德初丘」（San Juan de Chuccho）的唯一一座同名吊橋。

里，卻是身體與意志力間反覆對抗的煎熬，一路呈鋸齒狀的蜿蜒步道在抵達科卡峽谷頂端時，才真正讓人整個筋疲力竭，不過苦盡甘來的不凡成就感，再一次從山頂俯望崇山峻嶺的當下，除了多了一份特殊情感，也與科卡峽谷的美更加貼近。

　　科卡峽谷健行行之多年，也稱不上危險的戶外活動，但偶爾還是會有因高山症和體力過度消耗所引發的旅遊悲劇意外，由於祕魯當地政府並沒有嚴格規定，帶領大家進入山裡的導遊都需要有專業急救證照，所以導遊們普遍連心肺復甦術都不懂，加上峽谷內一旦身體出現狀況，以當地的不便和醫療水準，健行客通常只能自求多福，因此如果真的無法自己走上峽谷，當地村民提供騾的載送自費服務，會是一項不錯的選擇。最終，憾事就在我的團體裡發生，一位加拿大籍先生在回程的路上突然倒下，高山症加

險峻的科卡河谷。

「瑪拉他」(Malata) 村落教堂。

上體力耗竭，讓他來不及完成最後一段路程，雖然大家盡
了全力搶救，終究還是挽回不了他寶貴的生命，他的驟逝
讓每個人哽咽也自責，非常多的不捨在心裡難以表達，同
團的每個人都真心希望這片美麗壯觀的科卡峽谷， 能永遠
守護他渴望留下的靈魂。

峽谷裡寶藍色的一小點就是我們第二晚住宿的地方「Oasis de Sangalle」，山
壁上蜿蜒的小徑就是登山健行路線。

# 6.
## 利馬（Lima）

# 不協調的和諧組合

## 利馬（Lima）

　　依山傍水的利馬，安地斯山是她的天然屏障，而瑞馬克河（Río Rimac）孕育出的河谷平原則是滋養她成長的溫床，位於祕魯西部海岸線近中央位子的利馬，俯瞰傲視著太平洋，從十六到十八的兩個世紀裡，曾是西班牙人主宰南美洲最重要的城市。

　　自從西元 1535 年，法蘭西斯柯・皮薩羅（Francisco Pizarro）選擇這塊土地建城起，利馬就已經開始她不平凡的命運，西班牙殖民期間，她被賦予祕魯總督府的任務，一枝獨秀的地位直到 1687 年的一場大地震開始動搖，地震損毀了城內大部分的建築，也造成經濟貿易活動的衰退。利馬這幾個世紀以來經常受到地震的威脅，加上宗主國不再全力支持，以及南美洲其他後起之秀經濟的蓬勃發展，十八世紀成立的兩個新總督轄區——以波哥大為首的新格蘭納達（Virreinato de la Neuva Granada）和布宜諾斯艾利斯為首的拉布拉塔（Virreinato del Río de la Plata）總督轄區，無不在在削弱利馬身為西班牙帝國統治南美洲政治和經濟的核心地位。

　　然而，十九世紀初祕魯脫離西班牙獨立戰爭中，利馬再度扮演不可或缺的角色，從 1821 年何塞・德聖馬汀（José de San Martín）將軍率先在利馬宣布獨立起，三年後正式獨立

的利馬有了五十多年的偏安，直到 1879 年南美太平洋戰爭爆發，又面臨智利人的長驅直入和侵略，1881 年再度短暫失守。戰爭結束後的二十世紀，利馬仍經歷多起的天災和恐怖暴力陰霾，但城市的發展和建設依然不間斷持續進行著，雖然社會治安一直以來為人詬病，城市近郊內的「平民窟」被視為犯罪的根源，但近幾年的經濟成長卻是不容小覷，她就像祕魯的火車頭，全部最好的資源都集中在這裡，與附近的卡亞俄（Callao）海港形成利馬都會區，居住人口佔全國總人口數的三分之一，利馬的一舉一動無不牽動著整個祕魯共和國未來的神經命脈。

利馬的歷史古城區就如同一本紀載西班牙帝國殖民史的活教材，豐富的祕魯總督府史料和不同風貌的殖民式建築，不但寫實記錄了曾為南美第一大城的過往，也見證了西班牙國土上的紛亂和興衰。古城區內最初的規劃藍圖以市中心廣場（Plaza de Armas）為核心，周圍的市政廳、總統府和主教堂圍繞市廣場而興建，原先環繞市廣場的一百一十七個棋盤式街區排列整齊，由神聖羅馬皇帝查理五世（西班牙國王查理一世）親自下令建造，歷史古城內的街道上滿是殖民式建築，證明當時西班牙勢力在新世界的崛起。

利馬在 1535 年建城同時，主教堂也由法蘭西斯柯‧皮薩羅開始規劃興建，不過第一座主教堂的主體工程其實非常粗糙，只用了泥磚和茅草簡單搭建蓋成，之後持續擴建的主教堂到 1551 年才正式完工。然而，現在所看到的主教堂並不是最初皮薩羅規劃的那座，多起地震在利馬古城內肆虐，也讓主教堂不斷地在毀壞和重建中交替進行，1746 年的大地

主教堂和警察巡邏車。

震讓主教堂損壞嚴重，經過部分整修和重新設計下，終於在1758 年才再度落成啟用，雖然 1940 年的另一場地震又讓主教堂滿目瘡痍，經過修復後，至今仍可看見她屹立不搖的身影，靜靜地矗立在市廣場旁；而角色地位一直備受爭議的西班牙征服者法蘭西斯柯·皮薩羅，他的骨骸就安放在此，代表西班牙南美黃金探險第一人，他的功與過卻沒有隨著時間消逝而從此蓋棺論定，征服了印加帝國，卻從此不再有機會回到自己的祖國，主教堂最終成為他永遠長眠的地方。

比鄰主教堂，有著美麗雕刻陽台的總主教宮（Palacio Arzobispal）是上個世紀的產物，1924 年才興建完成，帶著巴洛克風格元素加上摩爾色彩建築的陽台，堪稱祕魯二十世紀初最經典的新殖民式建築代表，也算是祕魯人緬懷過去的一項精美傑作。

市中心廣場北方，靠近瑞馬克河的一大片區塊就是祕魯

1. 總主教宮（Palacio Arzobispal）雕工精美的陽台。
2. 和諧宮（Palacio de la Unión）上的陽台。
3. 和諧宮和利馬市政廳。

總統府（Palacio de Gobierno）所在地，也稱為「皮薩羅宮」（Casa de Pizarro）。當初皮薩羅將規劃好的土地，尤其是最好的街區分配給和他共患難的西班牙征服者，一同享受權力和富貴的果實，而他也為自己保留了其中的一塊，但事實上，權力、財富當頭時，嘗過甜美滋味後又怎能輕言放棄，皮薩羅蠻橫掠奪印加帝國的財富，最後還是逃不過自己命運的枷鎖，分贓不均終導致內鬨引來殺身之禍。西元 1541 年皮薩羅被同伴暗殺身亡前，他的起居、辦公都在這裡，不過起先的建築結構以泥磚為主，兩層樓高的建築實在談不上什麼風格和品味，但每次的地震和整修都是以時下最流行的設計作為藍圖，目前座落在市廣場的總統府是歷經多次重建後才有今天的規模，最近一次的大整修始於上個世紀二十年代，一位波蘭建築師重新設計後，採新巴洛克風格為建築主題，改建完工的總統府才又在 1938 年正式啟用，裡面裝潢非常富麗堂皇，也收藏不少珍貴名作。

　　總統府前的市中心廣場經常有警察巡邏，一大票警察就在街道上來來回回，對於保護觀光客不受干擾和侵犯，多少還是發揮遏阻效果，但由於周邊就是鬧區，商家店家林立，加上市廣場旁的行人專屬步道「西榮・德拉屋尼翁」（Jirón de la Unión）可以直接通往聖馬汀廣場（Plaza de San Martín），因此人潮非常擁擠；「西榮・德拉屋尼翁」行人步道不只餐廳、店家設立，街道兩旁的房屋建築也極具歷史特色，除了西班牙殖民式木造陽台，已經有四百多年歷史的美熹德教堂（Iglesia de La Merced）也座落在此，因此觀光客愛來，當地居民也常在這裡佇足，人來人往的地方最能吸引

1. 總統府也稱為「皮薩羅宮」，
　緊鄰著瑞馬克河 (Río Rimac)
　而興建。
2. 巴洛克風格的美熹德教堂
　(Iglesia de La Merced)。

扒手和滋事分子的聚集。

　　利馬除了歷史文化價值極高的古城區外，米拉弗羅雷斯區（Miraflores）則是另一處吸引旅人來到利馬必到訪的地方，繁榮的街區讓人很難想像，西元 1881 年的米拉弗羅雷斯曾遭受智利人無情的掠奪，從南美太平洋戰爭爆發後，身為首都利馬的最後一道防線也抵擋不了智利人的強烈攻勢，兩千個祕魯人曾在這裡葬送他們的生命，利馬最終落入智利人手中。

　　十六世紀西班牙人來到這裡居住前，米拉弗羅雷斯區早已擁有自己璀璨的過往歷史，利馬海岸文明在西元二世紀左右就已經在此萌芽，當地群居部落發展出個別的宗教信仰和生活模式，之後的瓦里和印加文明影響力也擴展到這片區域來，十九、二十世紀的米拉弗羅雷斯雖曾經歷戰爭、恐怖攻擊等紛擾，但這二十年來它積極擴展觀光和經濟發展的野心則是大家有目共睹。1998 年年底才開幕的購物中心「拉爾科瑪」（Centro comercial Larcomar）就面向太平洋興建，奢華品牌、高價餐廳、電影院在峭壁上拔地而起，高級住宅區、俱樂部和國際品牌無不爭相到這裡來發展，現在的米拉弗羅雷斯區週末假日儼然成為利馬不夜城的代表，商業、文化和觀光持續在此地欣欣向榮的成長。

　　米拉弗羅雷斯區內緊鄰太平洋的「綠色海岸」（Costa Verde），峭壁懸崖是喜愛高崖跳傘運動人士的最愛，聰明的生意人則順勢提供觀光客從天空俯瞰這片海岸線一個難得的機會，只要天候適合，專業跳傘教練就會隨著客人一塊飛上天，讓觀光客也能翱翔天際和一飽利馬美景的眼福。懸崖上方的「愛之園」（Parque del Amor）常有情侶們

三三兩兩在這裡約會，而懸崖下方的「威基基海灘」（Playa Waikiki）則是當地居民夏天的最好去處，六月天的利馬雖然已經快進入冬季，但仍可以看到不少熱愛衝浪的旅人，一個個濕漉漉的從海岸邊爬起。

能和現代化的米拉弗羅雷斯區形成強烈對比的，就以

1. 「綠色海岸」（Costa Verde）和懸崖下的「威基基海灘」（Playa Waikiki）。
2. 高崖跳傘運動。
3. 「愛之園」（Parque del Amor），位於「綠色海岸」（Costa Verde）上的公園，從這可以俯瞰太平洋的美景。
4. 比薩街，位於米拉弗羅雷斯區（Miraflores）的市中心，除了著名的比薩，義大利料理是這裡的招牌，週末假日常擠滿愛熱鬧的夜貓子。

「拉爾科瑪」購物中心 (Centro comercial Larcomar) 內，服裝設計結合當地元素的文創藝術展示。

「普克雅納」（Huaca Pucllana）古遺址建築群莫屬，這個建築群可以追溯至西元四世紀，屬於利馬文明的一部分，活耀於西元 200 到 700 年間，是一個比印加文明早了近千年歷史的中部海岸文明。當時住在這片區域的人類過著耕種、採集、捕魚和打獵的生活，主食從海裡各式各樣的生物、豐盛的瓜果及穀類到鹿肉、駱馬肉、羊駝肉應有盡有，生活物資相當富足，直到七、八世紀瓦里王國擴張，利馬文明內部逐漸產生紛歧，終究導致文明走向式微，從出土的陶土器皿、紡織圖案和服裝裝扮等，都可以看出當時的瓦里文明已經漸漸取代利馬文明，成為中部海岸文明的主流。瓦里文明時期的「普克雅納」已經被當時的人們給遺棄，轉而成為瓦里貴族長眠的墓地和祭祀用聖地，之後印加人統治下的「普克雅

1.「普克雅納」（Huaca Pucllana）遺址與周圍的高樓形成一幅有趣的景象。
2、3. 直立式排列的泥磚和梯形結構，有效抵擋利馬頻繁的地震。

1. 「普克雅納」(Huaca Pucllana) 遺址出土，屬於瓦里文明的木乃伊。
2. 模擬當時一般居民參與宗教慶典和日常工作的狀況，利馬文明出土的陶器
   以紅、白、黑三色為主。

納」擁有同樣的功能，更被印加人視為一座古老的聖地。

　　普克雅納遺址距離太平洋海岸線只有兩公里，主金字塔
由七層平台組成，22 公尺高的建築讓當時的貴族、祭司得以
從金字塔上端向太平洋方向遠眺。利馬文明時期的普克雅納
建築，除了擁有行政功能，作為公開集會用的場所外，也被
賦予舉行宗教祭拜和慶典儀式的神聖任務，不過，如同其他
祕魯境內已發現的古文明一樣，在這裡發展的部落人類並沒
有創造出文字，社會階級嚴謹分明，也採活人獻祭來祭拜他
們偉大的神明。

　　1981 年才設立的原址普克雅納博物館，出土的金字塔
神殿，一塊塊的泥磚建築和環繞四周的現代混凝土高樓，形
成一個既和諧又迥異的景象。當地友人告訴我，加了圍牆的
的文明遺址現在變成利馬另一個熱門觀光景點，然而在他們

的成長印象中，這個地方曾經就像公園一樣，住在附近的左鄰右舍都把這裡當作休閒散步的好去處，至於現在進到遺址公園內需要收費，他們還真不習慣，加上進到園區有固定的導覽時間，沒有園區導遊陪同，觀光客還不被允許進到古蹟遺址逕行參觀，不過就以保護古文物不受外來破壞的觀點來看，原址保留作為收費博物館使用，確實是比較好的作法。

上個世紀中期祕魯的政治和經濟相當不穩定，鄉間暴力事件頻傳加上缺乏基礎建設，飽受恐怖份子威脅的高山居民，為了尋求安全的生活和更多的工作機會，同時也希望下一代能接受較好的教育，於是從安地斯山大量湧入利馬討生活。八〇年代後雖然都市移民潮減緩，但氣候變化造成農地流失，另一波鄉村農民再次被迫往利馬和沿海城市遷徙，利馬市中心周圍的土地早已不足以應付蜂擁而至的農民，整個都市不斷的往南北擴張，向北延伸至離市中心二十多公里的戚庸河（Río Chillón）外圍，往南則到三十五公里外的盧令河（Río Lurín），甚至朝利馬東邊的安地斯山山腳搬遷。

這些由窮人家組成的住宅社區，祕魯人給了一個很有趣的名字，叫「年輕小鎮」（pueblos jóvenes），事實上，其中一些早期移民的貧窮社區都已經有五十年以上的歷史，實在稱不上年輕，不過居住在這些社區的大部分人口確實都偏年輕，尤其是那些剛到利馬找工作的青年男女，他們首選的落腳處就是分布在利馬市中心外圍的這些「便宜」社區。

根據一些資料顯示，利馬有半數人口都居住在像這樣的貧窮社區裡，但隨著都市外圍的土地也趨漸飽和，近年來越來越多的新貧移民只好往安地斯山山丘上搭建房子，他們能

選擇和使用的土地並不多，居住環境通常不只危險而且擁擠骯髒，這些依山而建的簡陋社區，有時甚至連乾淨用水都沒有，常常得與垃圾比鄰而居，生活資源相當匱乏。從位於瑞馬克河岸的總統府後方往山丘上望去，山壁上一大片五顏六色組成的房子，其實就是貧民窟，從利馬一出機場，往市中心方向沿著高速公路旁搭建的簡陋房子，也是來利馬討生活人家的避風港。

利馬近郊的貧窮社區和貧民窟，與滿是高級住宅的利馬市中心和米拉弗雷斯區形成強烈對比，但這些廉價的勞力卻提供利馬市區的繁榮，不過在大都市討生活，幸運的是還能參與都市裡的勞動工作，起碼讓貧困的生活還有線生機，但一大部分的貧民是長期失業，也使得這些窮困地區問題雪上加霜，貧富差距過大的社會，讓這些貧民窟就像利馬市的未爆彈一樣，也間接成為犯罪的溫床，利馬「城鄉」差距的生活，就像整個祕魯國家的縮影，在祕魯野心蓬勃追逐經濟成長的氛圍中，除非政府能真的拿出魄力和決心來改善貧民生活，否則治安問題將會一直是利馬人揮之不去的夢魘。

# 7.

## 杜魯希有（Trujillo）

# 新興崛起的大城
## 杜魯希有（Trujillo）

　　距離首都利馬（Lima）北方約五百多公里的杜魯希有（Trujillo），位在莫切河（Río Moche）河畔，是拉‧利貝爾塔（La Libertad）地區的首府，近十多年來祕魯政府有心的都市規劃，讓這個城市的經濟蓬勃發展，人口成長僅次於首都利馬都會區，成為秘魯第二大都會區的中心城市。

　　杜魯希有的建城歷史始於西元 1534 年，由征服者迪耶哥‧德阿瑪爾哥（Diego de Almargo）設立的第一個殖民地開始，他以攻克印加帝國首都的同伴，法蘭西斯柯‧皮薩羅（Francisco Pizarro）的出生地來命名，西班牙城市——杜魯希有，從那時候起，也命運般的奠立了新大陸的杜魯希有，在西班牙殖民統治下的歷史地位。

　　十九世紀初，祕魯獨立運動期間，杜魯希有是北方各城郡中最先發難的城市，城內的市中心廣場（Plaza de Armas）就是當地人民反抗西班牙宗主國獨立的地方，西元 1820 年頒布獨立宣言後，成為第一個正式脫離西班牙獨立的祕魯城市。然而，凡走過必留下痕跡，今日市中心廣場（Plaza de Armas）的歷史古城區內，仍保留了大量的西班牙殖民式建築，從扇扇美麗的雕花鍛鑄窗櫺和別緻突出的摩爾式木造陽台，建築物內寬敞的庭院和花園，濃烈的西班牙建築風格，

西班牙殖民式建築，一整扇白色鍛鑄窗櫺和別緻木造陽台，在杜魯希有的古城區內數量相當多。

不難想像當初房子主人們的富有和奢華，拜富饒土地和農業發展之賜，這些有錢的西班牙達官顯貴也不吝於展現他們對自家的裝潢品味。

　　初次走在杜魯希有的歷史古城區內，視線很難不被兩旁五顏六色，色彩繽紛的外牆所吸引，紅藍黃白顏色相間，整個古城區年輕又活潑，而且還有種協調的美感。市中心廣場旁的主教堂，十七世紀中期建造，曾經因為大地震損壞而重新整修過，廣場中一座為慶祝祕魯獨立一百週年的自由紀念碑，由德國雕刻家使用大理石，採巴洛克風格雕刻而成，現在則是古城區的新地標，更是杜魯希有居民休閒集會的好去處。

　　聽當地人提起，杜魯希有城十七世紀後期為防止海盜侵略，曾沿著現在的歷史古城區外圍修築城牆，但之後為城市發展考量，從脫離西班牙統治後的十九世紀末就已經拆

1. 市中心廣場上為紀念祕魯獨立一百週年的自由紀念碑。
2. 位於市中心廣場的主教堂，鮮豔黃色的外牆更顯朝氣。
3. 聖多·多明哥教堂 (Iglesia de Santo Domingo)。

除，今日取而代之的是人車往來頻繁的西班牙大道（Avenida España），當年壯觀綿延數里的城牆早已不復見。此外，古城內的教堂建築獨樹一格，大都興建於十七、十八 世紀，融合了巴洛克和新古典風格，加上數量密度相當高，色彩又鮮豔豐富，漫步在街頭巷尾間，單是欣賞教堂外觀的設計結構，就是一場難得的視覺饗宴。

出發往杜魯希有前，好幾個當地人不斷提醒我這個城市的治安很差，綁架、搶劫、勒索事件頻傳，彷彿所有的祕魯黑幫都集中在這裡，尤其是他們藉由洗錢和威脅的方式經營生意，讓許多祕魯人談起杜魯希有的經濟發展，總是充滿驕傲但又恐懼的口吻，事實上，杜魯希有對觀光客而言，就像祕魯其他大城市一樣，只要是車站和廣場周邊人潮較擁擠的地方，就 ·定得小心隨身物品和自身安全。由於杜魯希有就位在海岸古文明中心的絕佳地理位置，本身又有西班牙殖民時期留下的建築古蹟，離最近的海港小漁村奐洽科（Huanchaco）也只有十多公里，因此不管是喜歡歷史文明還是熱愛海邊度假的觀光客，這個城市絕對擁有得天獨厚的實力，讓越來越多的旅人青睞。

杜魯希有也是著名的皮件加工出產地，尤其是製作的相關鞋件配件，在祕魯本地頗富盛名，首都利馬百貨店面所販售的皮飾商品，大都來自杜魯希有，品質和價格很難讓消費者不心動。市中心廣場周邊的皮薩羅行人徒步道（Paseo Pizarro），2011 年才正式開幕啟用，街道上各式商品店家林立，最高法院和美熹德教堂（Iglesdia de La Merced）比鄰而建，主要銀行、公家和私人機構也都座落在這條熱鬧的街

新古典建築風格，美熹德教堂
(Iglesia de La Merced)。

上， 街道兩側的殖民式建築和地方特有的人文風情，讓這條徒步大街，儼然成為杜魯希有古城區內最具象徵，融合商業、文化和觀光的最佳代表。

杜魯希有街上的特殊景象，就以一攤攤的水果攤販和現榨果汁攤車莫屬，因為氣候溫和，讓這個城市的水果不虞匱乏，路邊就可以喝到原汁原味的柳橙、甘蔗、鳳梨汁，這也是大部分祕魯北部海岸城市的最大特色，走累了、口渴了，路邊就能來上一杯新鮮水果汁，偶爾停下腳步來，與當地小販寒暄幾句，算是另一種讓自己更貼近杜魯希有居民的方法。

一年四季宜人的溫度，熱帶水果盛產，緊鄰還保有一點原始風味的美麗海灘，杜魯希有吸引當地和外國遊客絡繹不絕，不過近年來因為氣候變化，使得降雨比以前更加頻繁，過多的雨水讓附近出土的古文物備受侵蝕、損壞的考驗，古文明見證這片土地上曾經有過的人類活動，但也一再挑戰祕魯政府如何保護地方人類文化遺產的決心。

街上就能喝到現榨新鮮柳橙和甘蔗汁。

# 海岸文明的藝術美學

## 莫切（Moche）和奇穆（Chimú）文明

　　很多到訪杜魯希有的觀光客，都是為了一睹莫切（Moche）和奇穆（Chimú）文明風采而來，比印加文明更古老的兩個祕魯北部海岸文明，就目前的考古資料發現，兩者和後起的印加文明一樣，都無文字的發明，然而工藝美學上的發展卻是南美人類史上另一個輝煌且燦爛的年代，尤其是莫切文明，已經出土的陶器和手工金銀飾品，做工精美時尚，最佳代表就是上世紀八〇年代出土的「西潘王」（El Señor de Sipán）墓室，大量的陶製器皿和代表權勢地位的金銀陪葬品，成為西半球最偉大的國王陵墓，足可媲美埃及法老王「圖坦卡蒙」陵寢的古文物發現。

　　莫切文明從發展、興盛至衰亡總約八百年，而奇穆文明則是六百餘年。奇穆人在當時另一個強國「瓦里王國」（Estado Wari）式微後，承襲莫切文明所在的莫切河谷平原開始他們自己的文化，現在已經挖掘出土的昌昌（Chan Chan），就是當時奇穆王國的行政和宗教中心。

　　莫切文明或許因為氣候變遷而導致內部動亂，最後造成政治體系崩落而滅亡，而奇穆文明則因印加帝國的擴張，最終走上瓦解之路。兩個古文明精彩的歷史故事及當時人類的生活點滴，透過今日的考古探勘研究，曾被淡忘的歷史輪廓，再次慢慢清楚的呈現在世人眼中，已經發掘出土的古文物、皇宮和廟祠建築，讓後人得以悼念和一窺究竟。

1. 莫切文明的月亮神廟（Huaca de la Luna），主殿北面共有七層牆面，最高處約 24 公尺高，每層的人物雕刻都有特殊的涵義，像第三層的蜘蛛握著被砍下的人頭，代表神殿具有活人獻祭的神聖功能，其他的牆面雕刻，如「蛇」象徵水和河流，還有莫切神話中擁有四個山鷹頭的「山神」和能獵捕海獅的「海神」。

2. 奇穆王國的首都——昌昌（Chan Chan），也稱為「泥磚之城」，所在地其實是一大片的乾燥沙漠，但由於近年來氣候異常帶來充沛的雨量，讓出土的古蹟岌岌可危，現在只能加蓋頂棚來保護這些人類文化遺產。此區為奇穆貴族的觀見區或辦公行政區（Audiencia），「U」形結構建築是這區的最大特色。

# 製陶和冶金的高手

## 莫切文明

　　莫切人在西元一到二世紀左右，開始出現於現今祕魯北部的三個海岸行政區，拉・利貝爾塔（La Libertad）、蘭巴耶克（Lambayeque）和皮烏拉（Piura），甚至在北安地斯山的卡哈馬爾卡區（Cajamarca）也曾發現他們的蹤跡。莫切文明由多個不同的民族組成，社會結構有著嚴格的階級制度，由上而下憑藉著宗教力量管控著各地的人們。

　　在莫切文明的社會階級裡，普遍存在貴族都是神祇的化身，擁有神聖血統的想法，所以整個社會採中央集權的方式管理，住在太陽和月亮神廟（Huacas del sol y la Luna）外邊的一般平民百姓，平日以農業、畜牧和捕魚為生，他們是絕大多數的貧窮人口，但終其一生都要為供養特定貴族而生活，他們是不被允許進到神廟去的一群，不過，座落於兩個神廟中間的「市中心」居民，他們卻享有不同的待遇，這些人專門為祭典儀式生產製作聖品，參與城內重要的慶典活動，也可能直接受命於城裡的貴族。

　　目前已經出土的太陽和月亮神廟，在當時的社會裡各自發揮著不同的功能，太陽神廟主要扮演行政中心的角色，而月亮神廟則是專門用來祭拜神明和活人獻祭的地方，然而兩座像金字塔般的神廟並不賦予祭拜太陽和月亮的任務，當初

太陽神廟（Huaca del Sol），目前看到的只有當初四分之一的規模，「huaca」
一字在凱楚阿語的意思是指「神聖不可侵犯的地方或物體」，現在這座金字
塔神廟尚無對外開放。

「白色山丘」（Cerro Blanco）山腳下的月亮神廟，和五百公尺遠的太陽神廟
遙遙相對。

為何如此取名，當地人也不清楚，如果用現代觀點來詮釋，或許太陽和月亮一陽一陰的形象，剛好符合兩座神廟的主要功能，一個掌管「生」，另一個主宰「死」。

考古資料記載，當初莫切人使用超過一億四千三百萬塊泥磚來建造太陽神廟，神廟規模長度可達 340 公尺，寬約 160 公尺，最高處有 30 公尺，可惜在十七世紀初，西班牙人為了他們的黃金發財夢，認為泥磚塊裡可能藏有黃金寶藏，於是引了莫切河的河水沖刷神殿，三分之二的建築在當時就已經遭到損毀，現在所看到的神殿規模只剩下那時的四分之一左右。與太陽神廟遙遙相對的月亮神廟則保存較完好，相繼出土的古蹟仍看得見當時壁畫和浮雕的顏色，色彩相當鮮豔美麗。壁畫和牆面雕刻皆以莫切人的信仰和神話傳說為主題，從山神到海神，以及主宰人類生與死的「造物神或斬首神」（Ai Apaec），還有動物化身為神祇的浮面雕像，在在都可看出莫切人對大自然的敬畏和崇拜，社會內部的神祇信仰主要承襲「查文文化」（Cultura Chavín）而來，或許就是因為恐懼大自然的力量，所以活人獻祭儀式對當時的政體領導也顯得相對重要。

至於莫切文明的滅亡歷史，現在大部分考古學家都同意，氣候異常是間接導致莫切文明走向毀滅的原因。莫切文明傳承至七世紀時，可能遇上「聖嬰現象」帶來的極端氣候變化，長年的乾旱和水災導致內部動亂，造成整個社會秩序崩落，以神明自居的領導者和貴族再也無法信服人民，因此政體逐步走向滅亡，居民部落在八世紀時消失匿跡。

另外，莫切人的製陶水準和冶金技術已經達到精美的

1. 雕工精美的牆面堪稱「莫切式的巴洛克」，牆上描述莫切人的神話故事。
2. 位於太陽和月亮神廟中間的「市中心」（Centro Urbano），專門製作祭典儀式所需的聖品。
3. 莫切社會中，每個家庭或部落都需貢獻「泥磚」來修築神殿，目前在月亮神廟內發現超過一百種不同記號的泥磚，大概是每個貢獻家庭的專門印記，另外也方便用來統計泥磚的數量。
4. 呈幾何圖形排列的「造物神或斬首神」（Ai-Apaec）圖像，祂具有多種形象，主宰莫切人的生與死，是莫切文明裡非常重要的神祇，出土的浮雕牆面，顏色仍清晰可見。

標準，人工捏塑、模具製陶及陶罐上的彩繪，每件都真實記錄下莫切人的生活點滴和宗教信仰，使用金、銀、銅鑄造出的美麗物件，則是權力地位的象徵。在莫切文明裡，人們將

主持重要祭典儀式的祭壇，例如活人祭祀就是其中一項，被獻祭的人通常是戰敗的俘虜，右圖為當時情況的模擬圖。

「金」與太陽和男性作聯想，「銀」則代表月亮和女性，「金」對莫切人來說是最珍貴，而且只有貴族才能配戴的裝飾品，與現代人認為「黃金」即是財富的想法大不相同，已經出土的古文物目前都保留在入口處的博物館內，供遊客自由參觀。

莫切文明的衰落意味著另外一個文明的崛起，後來強盛的瓦里王國和奇穆王國也都在這一大片海岸線建立起自己的文明，尤其是奇穆人，他們承襲了很多莫切文明的工藝技術和社會制度，與出現在安地斯山庫斯科的後起之秀——印加文明，並駕齊驅。

現在已挖掘出的莫切文明珍貴古物中，除了最著名的「西潘王」墓室，就屬太陽和月亮神廟，其他多處已經出土的古蹟建築也仍陸續進行探勘中，近年來因觀光而起的「莫切文明巡禮」（Ruta Moche）頗受旅客喜愛，從杜魯希有出發，涵蓋拉‧利貝爾塔和蘭巴耶克兩個行政區，精彩的莫切文明，隨著越來越多的新發現，正用另一種嶄新的面貌讓後人親近和景仰。

# 獻給大海的奇穆王國首都

## 昌昌（Chan Chan）

　　從杜魯希有往奧洽科海灣的路上，經過的一大片泥磚古蹟建築很難讓人不注意到，總佔地面積達二十平方公里，其中主要的城市核心地區則有六平方公里。考古研究從上個世紀六〇年代晚期就開始的昌昌古城，1986年被聯合國教科文組織列為世界文化遺產考古區，她是哥倫布發現新大陸前，南美洲人類最大的建築城市，面積規模甚至超越印加文明的馬丘比丘，居民人口數達到三、四萬人，曾經是奇穆王國的行政和宗教中心，主要由十座皇宮城堡組成，多年遺跡的修復和重新開放，再度挑動世人好奇的眼光。

　　走進昌昌的皇宮城堡內，寧靜的氣氛和廣大的面積，加上重見天日的高聳圍牆和筆直街道，都不得不讓人屏息凝視，漫步在泥磚城牆內，一股時空交錯的幻覺頓時油然而生，迷宮般的通道設計，一步步引領人們往奇穆王國的世界裡探訪。彷彿走過時光隧道般，眼前的奇穆王公貴族仍生活在這個鞏固且安全的堡壘中，但是沒了木頭樑柱和茅草屋頂的泥雕牆面，即使雕工再美麗，卻也只能獨自佇立在二十一世紀的時空中，遊客來回穿梭，考古人員手邊的工作沒停歇過，現代人帶著一份好奇和詫異，用另一種方式讓昌昌城又重新活了過來。

從這個門進入「貴族行政區」（Audiencias），貴族和一般平民百姓使用不同的門進入主廣場。主廣場也是祭典儀式廣場，廣場四周的城牆高聳，牆面浮雕以魚、海鳥、海獺等為主題，與距離海岸線非常近的昌昌古城相呼應。

1. 右下角的兩隻魚雕才是真品,牆面上其餘的大都是整修後的複刻品。
2. 仿奇穆國王的裝扮。
3. 雕工細膩的海鳥浮雕。

糧倉或食物儲藏處，「出氏」（Tschudi Complex 或名 Nik An）皇宮城堡內發現不少儲存食物的地方，另外，奇穆人用木頭來雕刻他們崇拜的偶像神祇。

　　昌昌古城的十座皇宮城堡中，其中九座的內部規劃十分相似，除了南北座向格局，進到城堡的唯一一扇城門也都是面向北方，或許是代表權勢地位的象徵，每位國王登基時，似乎就會為自己蓋一座新的皇宮，每座皇宮就像國王鞏固自己地盤般，從貴族區、廣場區、祭祀區、糧倉儲藏區、僕役工作區和蓄水池等，皇宮內間隔出的許多不同功能區塊，在在都得確保住在皇宮城堡內的國王和貴族都享有舒適的生活，而且能隨時因應時局的變化。

　　此外，近年皇宮內也都發現有國王、皇后和貴族們的專屬墓穴，這些發現讓考古學家們大膽推測，可能至少有九位或十位的國王曾經治理過奇穆王國，這些生前權傾一時的上

1. 像迷宮般的複合式城堡，從出土的道路可以看出當時奇穆人就有完善的街道規劃。
2. 城內牆面泥磚結構，最厚牆面的底基可達四公尺寬，上部分約 1.5 公尺。

位者，死後也埋葬在他們最熟悉的皇宮家園裡。繁榮了幾個世紀的昌昌城，目前也是考古出土中最大的「泥磚之城」，享有「城中之城」的美譽，一般觀光客來到這裡，都是進到其中一座稱為「出氏」（Tschudi Complex 或名 Nik An）的皇宮城堡參觀，這座外圍牆面高達九公尺的複合式城堡，屬於奇穆王國晚期的建築，現在也是重新整修後最完整的一座。

奇穆文明在九、十世紀逐漸形成，十二到十五世紀為鼎盛時期，昌昌城的創始者為「塔卡納莫」（Tacaynamo），根據奇穆傳說，這位國王是從海上乘著皇室船隻而來，他統治下的奇穆社會和莫切社會一樣，階級制度分明，用神權的方式管理國家，但他們記取祖先的教訓，城內的糧倉時時充

祭祀用水塘（Huachaque），當時也扮演著蓄水池角色以供取用。

足，以避免氣候變化帶來的社會動亂。

　　奇穆人的水利工程更勝莫切人，讓這一大片黃沙的不毛之地，一年收成可以達到二至三穫，農業的精進加上國家糧食充足，使得奇穆文明安然度過許多個因「聖嬰現象」引起的旱災和水災，奇穆人所使用的灌溉水道，據說直到今日仍為當地居民使用，不過強盛富饒的奇穆王國躲過了天災，卻抵擋不了印加帝國擴張的野心，西元 1470 年最後一任奇穆國王「明昌卡曼」（Minchancaman）被印加人俘虜後，國家最終宣告滅亡。據說整個佔領過程相當平和，印加人並沒有派兵攻打昌昌，而只是切斷了昌昌城的水源，以及削弱奇穆王國的勢力範圍，斷了奇穆人的生活資源來迫使昌昌城內的國王投降，繁華多年的首都古城，隨著大自然和盜墓者的摧殘，最後只留下這一大片的斷垣殘壁。

奇穆屬於多種語言民族，人民因地域不同而有自己獨特的方言，昌昌附近一帶的區域以「莫奇卡」和「更南」（Mochica 和 Quingnam）語言為主，不過很可惜，這些語言現在當地居民早就已經不使用。「昌昌」在當時語言裡的意思指的是「太陽」，不過卻跟印加人崇拜太陽神不同，奇穆人反而敬仰月亮，認為月亮從白天到黑夜都出現在天空而且控制大海，或許跟身處的環境有關，炎熱的太陽讓奇穆人認為祂是毀滅萬物的主宰者，讓已經乾旱的土地雪上加霜，而潮汐變化反倒是這個捕獵海裡生物的民族更需要的。

　　昌昌城內原本應該存有大量的黃金、銀飾和陶器品，但早在奇穆王國被印加人征服後，城內的一些黃金就已經被印加人搬走，印加帝國庫斯科金碧輝煌的太陽神殿，相傳殿內有部分黃金裝飾，就是從昌昌這裡搬過去的，之後又經歷西班牙人和盜墓者的掠奪，目前昌昌城內剩下的大都是這些帶不走的古蹟建築和珍貴的泥磚浮雕。已經出土的陶製器皿，主要以單色系為主，尤其以黑陶最為著名，因為受到其他地區文明的影響，所以奇穆陶器的製作和主題也更加豐富，除了人、動植物和神話傳說的刻畫，與莫切出土的陶製品最大不同處，就在於奇穆人更擅長使用模具來大量製陶。

# 衝浪愛好者的天堂

## 奐洽科（Huanchaco）

　　奐洽科（Huanchaco）在上個世紀還是個沒沒無聞的小漁村，不過就在 2012 年才剛獲選為「世界衝浪保留預定地」的城鎮之一，雖然這個小漁村在奇穆、印加和西班牙人統治時期，曾經扮演過主要港口的角色，但隨著歷史的改朝換代，現今的奐洽科太平洋海灣，最常看到的是當地傳統的蘆葦船和乘風破浪的衝浪客。

　　距離拉・利貝爾塔（La Libertad）地區首府——杜魯希有（Trujillo）只有短短的十三公里，隨著杜魯希有的經濟發展，這個小漁村也搖身一變成為本地人和觀光客最愛的海邊度假勝地，純樸的小鎮，沒有太多現代化的設備，乾淨的沙灘是觀光客享受日光浴最舒服的地方，可惜我到達的時間正值當地冬季，沒能看到遮陽傘排滿整個沙灘的盛況，六月天，遊客稀稀落落，但全年無休的衝浪課程還是吸引不少熱愛海上活動的旅客。

　　當地居民大都是莫切和奇穆文明的後代子孫，他們是天生的馴浪高手，各個在蘆葦船上身手矯健，兩個文明出土的陶器古文物中，就已經見到當時人類駕乘蘆葦船的蹤跡，也就是說，這裡的漁民使用蘆葦船出海捕魚的歷史，至少有兩千年了，今日的蘆葦船仍是當地漁民捕魚的主要工具，但也

額外提供遊客過過乾癮，體驗海上漂浮樂趣的服務。

　　來到奐洽科，一定不能錯過新鮮的海鮮料理──「檸檬漬生魚」（Ceviche 或 Cebiche），當地許多餐廳沿著海濱而搭建，遼闊的海景加上徐徐的海風，美食佐以美景，徹底滿足客人的每處感官。「檸檬漬生魚」的料理其實非常簡單，傳統上只用檸檬汁加些洋蔥和番椒拌點香菜、鹽巴來醃漬生魚，口感酸中帶辣，清透湯汁更能襯托出鮮嫩魚肉的最原始風味，除了能避免食物腐壞，也能防止直接食用生魚所帶來的風險，然而，這道簡而鮮的料理，目前中南美洲沿太平洋

埃爾‧巴拉德洛海灘（Playa El Varadero），夏季可以看到排滿沙灘的遮陽傘和享受日光浴的人潮。

蘆葦船是當地漁民捕魚的主要工具。

海岸國家像是墨西哥、瓜地馬拉、哥斯大黎加、巴拿馬、厄瓜多和加勒比海、南太平洋小島一帶都有各自獨特的風格，現代的吃法也更多樣化，除了古法醃漬外，煎煮烤炸隨客滿意，海鮮食材也不限定魚肉，只要當地撈得到的海產，幾乎就會有店家製作這道美味料理，像厄瓜多就是用煮熟的蝦子取代魚肉做成「檸檬漬鮮蝦」。

　　至於這道菜的起源有幾種說法，專門研究莫切文明的考古學家認為，「檸檬漬生魚」在當時的莫切人生活中就已經出現，起源地應為祕魯北部海岸線一帶，食用歷史應該有兩千年，但有些歷史學家提出反駁，認為檸檬、萊姆等水果是西班牙人從歐洲引進，這道菜應為居住在西班牙南部城市——格蘭納達（Granada）的摩爾人（中世紀，生活在伊比

1. 檸檬漬章魚片（Ceviche de Pulpo），配上當地特產玉米、番薯和樹薯，口味非常鮮美。
2. 檸檬漬炸海鮮（Ceviche Frito），海鮮在下鍋油炸前，都會用調配好的檸檬醬汁先浸漬過。

利半島的伊斯蘭教徒）所發明，隨著西班牙的發現新大陸，一些摩爾女人帶著他們傳統的飲食，跟著西班牙人一同進到秘魯，更有一派說法指出，這種因海而生的料理，應為南太平洋玻里尼西亞島國，或者其他中美洲國家和南美中北部的海岸飲食文化，雖然原創地始終爭議不斷，做法也因不同地方環境而有些許變化，但就是這樣的多元性，讓這道美味佳餚更添增不少趣味和創意。

　　想一覽無遺奐洽科海灣美景，位在丘陵上的奐洽科教堂絕對是最理想的地點，建於西元 1540 年的天主教教堂，據說是祕魯第二座最古老教堂，蓋於奇穆文明神廟的原址上，是這個鎮上唯一的一座教堂，裡面祭拜的女神更是奐洽科和當地漁民們的守護神，祂在鎮上居民心中的崇高，大概就像「媽祖」對於台灣沿海漁民，那種崇敬且無可取代的地位一樣，許多旅人喜歡從這裡俯瞰夕陽海景，享受這個小漁村在落日餘暉下，美麗且絢爛的片刻。

奧洽科教堂（Santuario de la Virgen del Socorro），
豎立在小鎮丘陵上，是奧洽科唯一的一座教堂。

# 8.
## 伊卡（Ica）

# 齒唇留香的祕魯白蘭地發源地

## 皮斯科（Pisco）

　　皮斯科城由西班牙人於西元 1640 年建城，位於首都利馬南方約 240 公里處，曾經是個小漁村，也是西班牙殖民時期重要的礦產和皮斯科酒出口港口。這座城市在歷史紀錄中發生過幾場非常嚴重的地震，造成許多的人員傷亡，最近的一次就發生在 2007 年，芮氏 8 級的強震毀掉城內百分之八十的建築，主廣場內的一座古老教堂也完全倒塌，死傷數以百計，這一帶的地震其實非常頻繁，因為地震而引起的海嘯更是為這片海岸線帶來不平靜的生活。

　　當地地區位屬溫和型沙漠氣候區，全年的降雨量非常稀少，年平均最高溫和最低溫約為二十四度和十六度，氣候雖然乾燥但還算舒適，皮斯科南部的伊卡（Ica），就以她的沙丘和華卡戚納（Huacachina）綠洲而聞名，整個祕魯南部一直延伸到智利北部的海岸線，幾乎都被這些厚實的沙漠層給覆蓋。

　　皮斯科城附近曾是當地少數民族「皮斯科」（Pisko）的居住地，殖民新城因此而得名。「皮斯科」在凱楚阿語裡有兩種解釋，因為臨海周邊常有很多鳥類聚集，因此皮斯科指的就是「鳥」，而另一種說法則是凱楚阿人用來「存放玉米酒的陶土容器」，由於當地一直都是使用陶甕當作發酵器

皿，後到的西班牙人也如法炮製用來釀造葡萄酒；其實名稱的兩種含意都非常貼切。

伊卡河谷靠近皮斯科附近一帶有不少座酒莊，而葡萄種子在這片河谷深根的故事，就要從十六世紀中期西班牙征服者來到這塊土地說起，他們從加納利群島和西班牙南部引進葡萄在祕魯這塊新大陸落腳，不過當時的種植行銷狀況，卻因葡萄的品質不足以釀出好的葡萄酒，加上宗主國又向這些殖民地科以重稅和頒布禁運令，進而來保護西班牙當地葡萄酒產業，就在品質與不利出口買賣的雙重衝擊下，最後迫使這些想做酒品交易的西班牙人，只好將這些葡萄發酵後，直接釀造蒸餾成類似白蘭地的烈酒，轉賣給其他鄰近因礦業而生的新興大城，爾後「皮斯科酒」與產地同名才因此而誕生。

伊卡河谷至皮斯科附近一帶的酒莊，仍用傳統陶甕來發酵葡萄。

當地酒莊自產的皮斯科酒。

　　現今皮斯科酒不但是祕魯的國飲，更是雞尾酒宴的座上賓，大部分的皮斯科酒呈透明狀，喜歡單獨飲用的品酒客，甚至不加冰塊直接享用，今日的皮斯科酒也當作基底酒，加入檸檬、雞蛋白、糖漿、冰塊和特調配方便成了皮斯科雞尾酒（Pisco Sour），這道酒精飲品現在幾乎是每個祕魯酒吧裡必備的國民飲料；然而，皮斯科酒發源地的議題一直讓祕魯和智利兩國爭論不休，各自都將自己生產的皮斯科酒作為國酒，但不論哪個地方才是原始栽種地，可以確定的是，南美國家慶典宴會中，一定少不了皮斯科酒它尊貴榮耀的身影。

# 無邊無際的漫漫黃沙

## 伊卡（Ica）

　　伊卡為伊卡（Ica）行政區的首府，距離首都利馬約 300
公里，從西班牙征服者於西元 1563 年建城至今，多起的大
地震讓這個沙漠之城屢次修復和搬遷，現在伊卡市的所在地
已經不在當年那個西班牙人的初建城處，但仍具有歷史古城
地位的伊卡，市區內多了許多現代化的購物中心、電影院和
高樓建築，居住人口也逐年增多。

　　伊卡這塊土地上的人類蹤跡，其實早在九千多年前就
已經出現，附近兩個最重要的人類古文明分別是巴拉卡斯
（Paracas）和納斯卡（Nasca），之後的瓦里和印加王國也
把自己的文明帶到此地，在這片黃沙漫漫的土地上，除了考
古學家已知的文明遺址，或許還有更多更精彩的史前人類活
動，正等著後人慢慢地去探索。伊卡河谷內主要的經濟來源
以農業為主，從西班牙殖民時期，葡萄和棉花的種植已經就
是當地主要的經濟產業，現在則配合上觀光熱潮，酒莊成為
觀光客必訪之處，除了能品嘗皮斯科美酒，酒莊內介紹製酒
過程的導覽，更賦予觀光寓教於樂的使命。

　　伊卡市近郊的華卡戚納（Huacachina）沿著一潭清澈湖
水而興建，相傳她的湖水具有特殊療效功用，不難想像在這
一大片黃沙塵土中，唯一一處綠意盎然的地方，關於她穿鑿

1. 遼闊無邊際的沙丘和呼嘯而過的越野沙灘車。
2. 華卡戚納（Huacachina）伴湖而生的渡假村提供觀光客最奢華的服務。

附會的傳奇故事一定是讓人們津津樂道。據說當地一位非常美麗的公主在沐浴時，她不經意從鏡子裡看到一個獵人正窺視著她，受驚逃跑慌亂之餘，她身上的鏡子掉落在這片土地上變成粼粼湖水，而縷縷黃沙則是她身上披風隨風幻化而成，虛幻又富想像力的美麗傳說，讓華卡戚納更增添不少神秘的色彩。

　　華卡戚納內豪華渡假村的服務，讓這個綠洲不只是沙漠中的海市蜃樓，夜晚點上燈的華卡戚納更像是茫茫沙海中最耀眼的一顆星，周邊看不見盡頭的沙丘，沙灘車呼嘯而過的奔馳和滑沙板俯衝而下的快感，滿足了每位想來這裡追求刺激的旅客，然而傍晚時分的華卡戚納顯得深幽與寂寥，平靜無漣漪的湖面映照出湖畔棕櫚樹的倒影，沙丘上剛結束活動的旅客正準備徜徉而去，黑夜來臨前的華卡戚納又恢復原本屬於她的寂靜。

# 9.
## 塔克納（Tacna）

# 四十九個年頭的盼望和等待

## 塔克納（Tacna）

　　祕魯最南端的城市塔克納（Tacna），距離首都利馬 1,300
公里，搭乘遊覽巴士從利馬出發需要二十個鐘頭才會到達，
但離智利邊界只有短短 36 公里，距離智利最北的城市阿里卡
（Arica）也只有 56 公里，觀光客來到此地的目的，通常都
是為了往返智利而留宿。

　　這個城市在西元 1535 年由西班牙人建城，當初只是為
了方便集中附近海岸線的部落居民，將他們遷往同處以便
管理，另一方面也可以提供殖民時期大量的勞動人力需求。
十九世紀拉丁美洲國家相繼而起的獨立運動中，被視為祕魯
獨立起義的第一個先鋒城市就是塔克納，西元 1811 年由法蘭
西斯柯・德賽拉（Francisco Antonio de Zela）領導的反抗西
班牙軍在此革命起義，雖然功敗垂成，法蘭西斯柯・德賽拉
最後也被逮捕入獄，但此次的革命為十年後的祕魯獨立運動
寫下新的里程碑。

　　西元 1879 年南美太平洋戰爭（或硝石戰爭）爆發前，「塔
克納」和現在屬於智利的「阿里卡」原本都是祕魯所擁有，
但從 1880 年的浴血戰役中失守後，一直到 1929 年祕魯和智
利重新簽署協議的四十九個年頭期間，兩個城市全成了智利
的管轄領土，唯有命運不同的是，塔克納最後回歸祕魯，而

阿里卡從此成為智利的一部分。

　　二十一世紀的祕魯和智利雖然仍為了這區的海上疆土煙硝味濃厚，但人民彼此還算相安無事，而且現在的智利人用另一種方式來佔領塔克納，尤其是每逢週末假日，五十六公里外的阿里卡居民寧願越過邊境來到祕魯這頭採買民生物資，由於智利平均物價是祕魯當地的兩倍，所以成千上萬的阿里卡人情願駕著車一日來回，也要為自己的口袋荷包省下一點錢，樂於賺取智利人錢財的塔克納當地居民，雖然談起陳年往事還是忿忿難平，至於說到智利那頭的阿里卡人得大老遠來祕魯消費購物這件事，總是滿臉的驕傲和得意的口吻，似乎除了對智利人短暫的佔領心滿意足，也為阿里卡那的高生活水平感到同情。

　　塔克納市區最引人注目的就是市中心廣場（Plaza de Armas）上的一座高聳拱門和二十世紀中期才完工的天主教教堂，豎立在兩旁熱鬧商店街中央的拱門，讓人很難錯過它，拱門門柱旁有兩尊銅像，分別是波羅葛內西（Francisco Bolognesi）和葛拉烏（Miguel Grau）兩位軍官，兩人都在帶領祕魯軍隊對抗智利侵略的南美太平洋戰役中為國捐軀，半橢圓的拱門和豎立的銅像加上一塊刻著「1879」的紀念碑，象徵塔克納人對兩位祕魯英雄表達的最高敬意。外觀別緻莊嚴的塔克納主教堂，則是由著名巴黎鐵塔的設計師古斯塔夫・艾菲爾（Gustave Eiffel）在 1870 年時所設計，但興建工程因為許多原因而延宕，其中當然包括南美太平洋戰爭的紛擾，這座教堂一直到 1954 年才順利完工，在主教堂前方有一座六公尺高，以希臘神話雕像為主題的青銅噴水池，搭配

1. 塔克納拱門為紀念南美太平洋戰爭 (1879~1883) 中兩位浴血奮戰的祕魯英雄。
2. 位於市廣場公園的噴水池和棕櫚樹。
3. 位於市中心廣場的塔克納主教堂。

上兩旁的棕櫚樹和花圃，將市廣場公園點綴的綠意盎然，也不失為當地居民提供一個平日休閒的好去處。

　　塔克納是祕魯知名歷史學家霍爾赫 · 巴撒德雷（Jorge Basadre Grohmann）的故鄉，他出生於智利統治時期的塔克納，九歲時與家人一同遷往利馬定居，1943 年祕魯國家圖書館遭遇一場祝融，那時他被賦予重任，一肩扛起重新整頓及修復國家圖書館的使命，期間霍爾赫 · 巴撒德雷不但創辦雜誌，而且還成立專門培養圖書館管理員的國立學校。霍爾赫 · 巴撒德雷人生中曾受聘任命兩次教育部部長，由於他本人特殊的成長背景，一生當中有不少著作都是和描寫及研究祕魯獨立歷史有關，創校於 1971 年的塔克納國立大學為了紀念他對國家的貢獻和終身成就，就是以他的名字來命名。此外，祕魯一百元新索爾（Nuevo Sol）紙幣的正面，也正是霍爾赫 · 巴撒德雷的肖像及他故鄉的地標——塔克納

霍爾赫·巴撒德雷（Jorge Basadre Grohmann, 1903~1980 ），祕魯知名的歷史學家和其九歲前生活的地方。

若望保祿二世廣場，豎立著教宗雕像和他的箴言：「只有愛才能成為一切的基礎，而憎恨帶來毀滅」。

拱門，至於他出生和九歲前生活成長的住家，目前被改作博物館保留下來，免費開放給一般民眾參觀。

　　作為一個邊境城市，塔克納有一條通往智利阿里卡的鐵道，十九世紀中期建造，全長只有六十公里，一趟旅程需要七、八十分鐘，由於往阿里卡的發車時間都在一清早而且班次不多，所以大多數趕路的旅客都會選擇其他方式，像搭乘巴士或者是私人計程車（Colectivo）跨越國境，火車站內的展示室陳列了一些歷史剪報和一台舊式火車頭，已經有一百多年歲月的塔克納火車站，光從外觀建築就可以嗅到古色古香的歐式風味。

　　塔克納的治安算是良好，市中心廣場和附近的街區很少聽到搶劫和偷竊的情形，不過如果是清晨或者是入夜後，還是盡量不要在街上閒逛，往返車站以有公司行號的私人計程

古色古香的塔克納火車站和鐵道博物館。

車為首選，往智利的國際車站櫃台常會有當地人殷勤的想幫你買車票，其實他們都要收取佣金，最好還是自己直接跟櫃台詢問比較妥當，如果不想花太多時間等待開往阿里卡的大巴士湊齊人數才出發，私人計程車只要多花一點錢，湊滿五個客人司機就會啟程，另外，塔克納的物價比起祕魯其他城市算是比較昂貴，或許是因為靠近智利，所以物價也跟著上揚，但比起智利那一頭，還是便宜許多了。

# 特別感謝

　　曾茂川先生是我的良師，亦是益友，每次的遠行都有他的鼓勵和祝福，能有此書的出版除了謝謝臺灣商務的肯定，特別想感謝曾副教授的推薦及賞識。一直以來，西班牙文和拉丁美洲經驗就是我和曾副教授的共同話題，副教授他擁有深厚的西班牙文翻譯經驗，更在一些字面上的翻譯提供我協助，例如祕魯各個城市的主廣場都稱為 Plaza de Armas，如果直接翻譯成中文，就會變成「武器廣場」，但如此一來便失去了原意，曾副教授建議譯為「市中心廣場」，更能符合它在祕魯各城市裡所扮演的文化歷史和政經地位的角色。此書終於完成並順利出版，在此特別獻給我的良師益友，曾茂川先生。

# 附 録

# 祕魯背包客　旅行生活大小事

　　作為單獨旅行的背包客，沿途免不了需要自己應付各種突發的狀況，不管問題能不能解決，總得想辦法讓這些意外小插曲不影響繼續走下去的心情，當下的勇氣和堅持是必備的，雖然有時難免孤單，但來自世界各地，為不同目的浪跡天涯的背包客，齊聚一堂時的短暫喧鬧，也不失為各自的旅程帶來點歡樂和共鳴，聽著每個人獨一無二的經歷和奇遇，有些是連熟門熟路的當地人都會遇上的問題，能聚在一起分享是緣分也是幸運，旅途中太多的不確定因素，防不勝防，多到讓人連明天會發生什麼事都懶得去猜想，就只能既來之則安之，珍惜當下所擁有，發生過但無傷大雅的往事，除了一笑置之，林林總總也懶得再提起，是冒險故事還是旅途借鏡，就看自己思考的角度和心態的註解。

## 還算順利的背包之旅，大事沒有，小事不斷

　　千里迢迢剛踏上祕魯的大清早，震撼教育就已經開始，國內線從利馬到庫斯科的班機，不但突然被取消而且機場內沒人可詢問，往庫斯科的其他航空公司都還正常起降，唯獨自己搭的這一班就自動消失在登機螢幕上，幸運的是遇到一對搭乘同班機的祕魯父女，於是三人一起在櫃台前排隊抗議，最後終於有人願意出面解決，幫同機的每個人陸續安排

新航班，我們三人也被排了班五個小時後才起飛的飛機，對方還「誠意」的給了一張機場早餐券，算是請我們吃一餐，從此這間航空公司也寫進我的航空黑名單，尤其是需要轉機的行程，就盡量避免選擇他們的班機。

到了祕魯就會發現，許多不肖旅行社為了招攬生意，並不會特別提醒身體有狀況的旅客，參加登山健行或者從事危險性較高的戶外活動時，需要隨時注意自身的安全，一些能言善道的生意人，只會不斷慫恿和催促，但意外和遺憾真的發生時，他們也是兩手一攤，莫可奈何。這個被安地斯山貫穿的國度，山勢嚴峻的地形是喜愛冒險旅客的寶地，而印加文明遺址的雄偉，更是觀光客嚮往崇拜的地方，因此慎選旅行社和經驗豐富的導遊，除了將可能的傷害減到最低，也不至於掃了旅行的興致，至於擔心被敲竹槓，如果時間允許下，只能上網多多瀏覽其他人的經驗談，或者就貨比三家不吃虧。

祕魯不是一個隨時都有綁架勒索，還是駭人聽聞持槍搶劫的國家，但社會治安問題仍層出不窮，某些當地警察無法管控的地區或山路，整輛巴士或公車遭攔堵搶劫的偶發事件，到現在依然發生，據說都是當地的恐怖組織和犯罪集團策劃，近年來，祕魯政府雖然對於壓制這些滋事分子頗有成效，然而零星事件仍不斷頻傳，如果不幸真的遇上，也只能存著「錢財乃是身外之物」的想法，當作破財消災就好，一般大都是為搶奪錢財為目的，傷害乘客反而比較少。記得幾回搭乘夜間遠程巴士，車上服務人員不斷叮嚀每個人把窗簾拉好，或許某些路段特別不平靜，遊客臉孔更是會引來一些不必要的麻煩，大家別不信邪，乖乖照做就是。

在祕魯自助旅行，女生不管是單獨還是結伴而行，人身安全總比男生又多了些顧慮，在聖谷山區服務期間，就常聽聞當地人說起女生被輪暴的慘案，或許是傳聞，或許是單一事件，但不管如何，注意留神身邊的人總是比較保險，大家都說拉丁美洲的男生比較熱情，路上跟女生搭訕也不是什麼了不起的事，但如果對方糾纏不清，就得說清楚，這不是文化差異，熱情與騷擾之間的界線，自己總得分得一清二楚。曾有一次，一位自稱是導遊的當地男子，白天有過一面之緣，聊了幾句戶外健行的話題，但晚上九點多竟然主動來敲房門，他怎麼會知道客人的房間號碼，豈不是旅館主人通風報信，別怪自己疑神疑鬼，中途結伴的外國同行女友人隨身攜帶的瑞士刀已經準備好，晚上臨時也不知道哪裡可以落腳，兩人只好硬著頭皮睡了最後一晚，隔天一早帶著各自的背包，直奔另一間媽媽和女兒經營的民宿去，了解我們的情形後，她們再三保證這種事一定不會發生，也安慰我們說，祕魯男人就是這副德行，對女生一點尊重都沒有，我們當然只把這種事情當個案想，隨時提醒自己提高警覺。

## 自己一個人，常在計程車內自導自演

剛到一個新環境，不到必要時刻，絕對不會貿然在路上招攬計程車，即使環境已經熟悉，還是盡量請求民宿旅館的在地人幫忙呼叫，安全上總是比較無虞，因為祕魯計程車搶劫事件實在惡名昭彰，尤其是夜間的大城市和偏遠地區，幾乎每個地方都有意外發生。

逗留庫斯科和聖谷一帶時，有時為了方便往來聖谷間的短程山路，不得不在路邊招攬私家計程車，但只要時間夠充裕，一定選擇共乘的方式，等人數到齊後再出發，萬不得已的情況下，非得一個人跟司機單獨相處，只好和他多閒聊附近已經認識的人事物，讓對方知道自己不是剛到的外地客，然而真的遇上情非得已的時候，完全不熟悉的地方，最好的情況就是找到前往同樣目的地的其他女性背包客或者當地人，大家共乘一輛車，心裡也會跟著踏實許多。

　　不過，並不是每次都能這麼順利，尤其是夜晚和凌晨一些特殊情況下，必須自己招攬計程車及獨自面對司機，通常的作法就是上車後，交代完目的地點當下，下一秒便立即拿出手機沿路假裝與友人通電話，中間偶爾還得作勢停下來，問問司機的車牌號碼，能編的理由有千百種，但千篇一律大都是當地友人或旅館老闆正在等我，他們需要知道車子的牌號，不曉得實際上能有多少嚇阻效果，也或許有那麼點幸運的成份，至少一路走來不曾發生過連自己都無法接受的狀況。

## 聽過兩則最糟的祕魯背包客搶劫意外

　　觀光客多、人潮擁擠的地方，別說是祕魯，世界各地哪裡沒有小偷和扒手，公車上口袋裡的現金全部被扒走，走在路上提袋背包整個被割破，公車站裡腳邊堆放的行李一轉眼就不見，甚至路邊行乞的小孩一湧而上，摸走全身還有點價值的東西，五花八門的偷竊方式，有時真讓人措手不及，但這些不至於危害生命安全的意外，雖然當下很懊惱，就當作

花錢解厄。不過，一位在庫斯科遇見的年輕法國背包客就沒這麼幸運，他一身當地穿著的打扮，不是因為想掩人耳目，避免自己看起來像外地觀光客，而是因為他所有的家當全部在利馬時就被洗劫一空，他娓娓道來說著故事，用著自嘲的口吻，不相信自己連在大白天也能遇上這種事，但似乎已經被歹徒盯上，再多的防範也無濟於事。

　　這位背包客被搶劫的地點就在利馬的高級住宅區附近，但醒來時人已經在荒郊野外，唯一的一個後背包已經被拿走，身上值錢的東西一點都不剩，好在歹徒沒剝光他的衣服，否則情況會更難堪，他平靜的訴說著故事，好像這件事情是發生在別人身上一樣，他說，行搶的兩個人竟然是「穿著制服的警察」，對方要求他出示護照和停留祕魯期間可支配的財力證明，因為他們懷疑他極有可能滯留打工，他也不疑有他，就在交出所有相關資料後，對方開始拳打腳踢，他一個人極力反抗也沒用，等他醒來時已經是兩三個小時後的事情，昏昏沉沉中，最後只能尋求法國大使館協助，但他為了一圓參加庫斯科太陽神祭典的夢想，所以還是堅持把行程走完，重新辦了本護照和補了張信用卡，借了點臨時可以支用的現金，一路就到庫斯科來，我們聽完他的故事，只能佩服他的勇氣和決心，遇上這樣的搶劫，算是不幸中的大幸，至於歹徒是真警察還是假警察，大概一時半刻也查不出。

　　另一則已經遇害的兩名以色列女子背包客就沒這麼好運，一位阿雷基帕的當地婦女不斷叮嚀提醒我，這兩位年輕女子被搶劫和姦殺的時間只相隔四個月，但相同都在阿雷基帕城，悲劇就發生在前幾年，而且案子鬧上祕魯當地的頭版

新聞，所以這位好心太太仍心有餘悸，千萬遍的囑咐我，除非必要，否則晚上就盡量不要再單獨外出，雖然這幾年為了吸引觀光客前來，阿雷基帕的社會治安改善許多，但夜幕低垂時，落單女子還是很容易成為攻擊的目標。

## 比搭飛機還要嚴格的遊覽車公司

　　祕魯境內的遊覽巴士公司非常多，選擇也很多樣化，從一般座椅到躺椅，連椅背傾斜下調的幅度都很講究，有些公司還會鉅細靡遺的將椅子圖片印刷放大，就是希望能讓客人一目了然，方便招攬生意，車票費用較高的幾間公司，甚至在幾個大城內擁有私家巴士站，明亮乾淨的等候大廳，服務品質讓人心甘情願多掏些錢出來消費，加上以顧客安全為第一的優先政策，即使費用高一點，當地人和觀光客還是很願意接受，其中就以 Cruz del Sur 這間巴士公司讓我印象最深刻；被稱為祕魯最頂級奢華的遊覽巴士公司，不但收發行李以手上的號碼牌為準，避免乘客的行李在中途被竊或遺失，上車前每個人還得全身檢查兼全程錄影，坐妥自己的位子後，車子出發前還再上來一位工作人員手拿攝影機，要求每個乘客一一看鏡頭拍照，車上備有洗手間和電視，更提供枕頭、毯子和餐點，車內的賓果餘興遊戲讓乘客試試運氣，贏家還真的能獲得小禮物，沿途行駛的路線隨時都有 GPS 的系統掌控，預防意外狀況的發生，黑色的車身滾著紅橙黃三種顏色，配上大黃色圓形印加太陽的公司商標，在祕魯街道上要不認出它，實在是太難。

# 祕魯概況之自助旅行分享

## 民族篇

　　祕魯種族非常多元，從安地斯高山民族、印歐混血的麥士蒂索（Mestizo）、白人、黑人以及亞洲新移民等，西元 1821 年宣布脫離西班牙獨立後至 2013 年，人口總數突破三千萬大關，人民以天主教信仰為主，西班牙語為官方語言，境內兩個最有影響力的地方方言分別是凱楚阿語（Quechua）和南方的的喀喀湖一帶的艾馬拉語（Aymara），使用的國幣單位為新索爾（Nuevo Sol），但大部分祕魯店家對於較大金額的買賣，也接受客人直接使用美金交易，尤其是觀光景點地區。亞洲面孔對於祕魯當地並不陌生，早在十九世紀中葉，中國移民就已經抵達祕魯這塊土地，晚清時期政治腐敗，社會動盪不安，不少來自窮鄉僻壤的農、漁民為尋求海外謀生，辛勤工作且提供廉價勞力而移民至此，利馬市區還保有中國城，見證這段過往歷史，因此祕魯人普遍稱呼黃種人為「中國人」（Chino/China），無關真實國籍，即使他們曾經擁有一位日裔總統，對於黃種人就是中國人的刻板印象一時間也改不過來，畢竟對大多數的祕魯百姓而言，亞洲是一個非常遙遠的地方，除非工作環境有機會跟亞洲人接觸，否則你是亞洲哪裡的黃種人，當地人似乎也不是那麼在乎。

## 氣候篇

　　祕魯位於赤道南方，境內因不同地貌而造成氣候迥異，主要分為乾季和雨季兩種季節，雨季通常從12月至隔年3月，同時也是溫度最高的季節，但氣溫變化則是隨著所在高度有著大幅度的差距。西部海岸線一帶雨季時期天氣濕熱，尤其是鄰近赤道的北部海岸線，氣候多屬集中型降雨，鮮少有一整天持續不間斷落雨的情況，而利馬以南的中、南部海岸線則在4月到11月的乾季季節裡，常有霧氣籠罩和毛毛細雨的情況出現，但原則上，海岸線的城市和沙灘全年都值得去探訪。中部3,500公尺以上的安地斯山區，6到8月的季節裡早晚溫差最大，白天尚有十多度，一旦太陽下山後則會降至零度以下，甚至來到零下十度，天氣是既乾又冷，降雨最多的時間從12月至隔年3月，尤其2、3月常有傾盆大雨發生。東部的亞馬遜雨林區，6月到11月屬於枯水期，但由於熱帶氣候影響，即使枯水季節仍會出現間歇傾盆大雨，全年平均有兩百天的降雨機率，平均溫度則在三十度以上。

## 飲食篇

　　祕魯飲食文化多采多姿，餐館、路邊小吃應有盡有，各地美味佳餚都可以在利馬、庫斯科等觀光大城找到，Chifa式的中國料理在祕魯獨樹一格，而餐廳裡套餐式的點菜方式則受西班牙文化影響，通常從開胃菜、主菜到最後甜點，絕對讓飢腸轆轆的客人心滿意足，當地人常光顧的傳統市場和市集，現榨果汁和豐盛菜餚就擺在眼前，想體驗在地的飲

食文化，不妨前去觀摩和品嚐，另外，千萬不要錯過幾道具有傳統祕魯特色的國民美食：藜麥湯（Sopa de Quinua）、祕魯黃椒雞（Pollo al Ají/Ají de Gallina）、烤雞（Pollo a la Brasa）、檸檬漬海鮮（Ceviche）、肉末烤紅椒（Rocoto Relleno）、聖谷大玉米配起司（Choclo con Queso）、烤肉串（Anticucho）等等，都值得旅人嚐試一番，至於天竺鼠、羊駝和駱馬肉就留給喜歡嚐鮮的人去體驗。

## 住宿篇

　　祕魯當地有相當多的民宿和旅館，大致上都還算乾淨安全，尤其是城市地區，可以事先上網瀏覽消費者評價再來做決定，另外，不少民宿、旅館都是可以講價，淡季期間多人混合房間常常只入住一、兩個人，而且有些擁有自己的衛浴設備還附帶簡單早餐，如果想省荷包又住的舒適，其實可以考慮這樣的房型，通常民宿老闆只懂得西班牙語，所以如果能準備幾句訂房用西班牙語，確實比較有機會為自己省下一點旅費。如果想體驗真實的庫斯科印加聖谷和的的喀喀湖島上人家生活，攜帶手電筒或頭燈是免不了，因為有些地區夜晚供電不足，加上共用洗手間大都在房外，所以備用照明設備相對重要，此外，由於這兩個地區都在高海拔的安地斯山，民宿、旅館一定會備妥毛毯、被單，但價位較低廉的住宿房間通常不會有暖氣、暖爐等設施。

## 道路交通篇

　　地區性通勤巴士和小型客運在祕魯當地幾乎是民營事業，司機和票務人員通常就是車子的老闆和主人，他們除了不太禮讓行人，按鳴喇叭的頻率也非常高，票務人員和司機合作無間，一個開車，一個招攬生意，車子即將靠站時，票務人員就會拉高嗓子喊叫目的地的幾個站名，剛到祕魯的外來客馬上想搞懂哪個地方須搭哪輛車，有時確實不太容易。而長程巴士則相對舒適許多，由於祕魯幅員遼闊加上山勢地形崎嶇，較好的民營巴士大都是一早或晚上發車，價位也因不同的遊覽公司差異很大，一般建議還是選擇比較好的巴士來搭乘，像 Cruz del Sur，Ormeño 和中價位的 Tepsa，Flores（巴士因有地域性限制，遊覽公司服務路線並非每個城市都有，仍須以當地現況為準），行車安全相對比較有保障，一些較便宜的長程巴士不只停靠站多，而且沿途還常有當地人在車上作廣告賣東西，除非真的沒其他選擇，否則不建議搭乘。

　　鐵路的使用相較長程巴士對觀光客來說，其實是比較不經濟實惠，除了班次選擇較少且搭乘時間又長，地域普遍性也遠不及長程巴士，不過祕魯的安地斯高山火車頗負盛名，尤其是開往馬丘比丘的觀光列車，沿途壯麗山河美景則能讓乘客一覽無遺。祕魯計程車採講價制，一定要事先講妥價錢再上車，機場、火車站和遊覽車、巴士總站附近的計程車因為沒有公定價位，因此常出現敲詐外來觀光客的情況，另外，祕魯當地還有一種共乘制計程車（Colectivo），採人頭計費，通常服務遠程鄉間的往返，聖谷地區的共乘制計程車不時有違規超載狀況發生，但由於警察取締非常嚴格，多少還是有警示作用，所以目前尚未聽聞重大的交通意外事件。

# 祕魯當地最大方言

## 凱楚阿語（Quechua）

　　凱楚阿語不但是祕魯最大方言，同時也是南美安地斯山區最多人使用的語言，從哥倫比亞、厄瓜多、祕魯、玻利維亞，南至智利和阿根廷，使用凱楚阿語作為日常生活溝通語言的概估人口數可達一千多萬人，雖然西班牙語仍是最強勢的官方語言，但在祕魯和玻利維亞，凱楚阿語則擁有等同官方語言的地位，尤其在祕魯，能使用凱楚阿語的人數更高達九百多萬人，相當國家總人口數的三分之一，雖然語言隨著地區的不同而有些變化和差異，像是不少高山少數民族因為原本的母語已經消失，後來乾脆採用凱楚阿語作為自己的第一語言，一些印歐混血的麥士蒂索人也精通凱楚阿語，都使得這個早在印加帝國時期就被當作統一各個民族的溝通工具，並沒有隨著時間的流逝而退出人類語言的歷史軌跡。

　　凱楚阿語和凱楚阿人不能混為一談，凱楚阿民族在經過印加帝國時期的內戰、西班牙征服者強奪豪取時的殺戮及帶來流行疾病的摧殘下，人口曾經大量流失，目前粗估在南美各國的凱楚阿人仍有八、九百萬人，主要還是集中在厄瓜多、祕魯和玻利維亞三個國家，現今他們大多居住在安地斯山區的城鎮和村落，或者是亞馬遜部分雨林區，也有不少人為了求生存，舉家遷往大城市一帶討生活。

另外，由於凱楚阿語並沒有發展出文字系統，語言學習採拼音方式保存其語音和語意，今日庫斯科和聖谷一帶的學生都得進修凱楚阿語，除了學校有講師授課外，也有不少語言補習班提供課程，讓一些有興趣的外國人士能參與凱楚阿語語言和文化的推廣。

## 實用凱楚阿語和西班牙語語彙

| 凱楚阿語 | 西班牙語 | 中文 |
|---|---|---|
| Rimaykullayki / Napaykullayki | Hola | 你好 |
| Wuynus diyas / Allin p'unchay | Buenos días / Buen día | 早安 |
| Wuynas tardis | Buenas tardes | 午安 |
| Wuynas nuchis | Buenas noches | 晚安 |
| ¿Allillanchu? / ¿Imaynam cascanqui? | ¿Cómo estás? | 你好嗎？ |
| Allillanmi. ¿Qamrí? | Bien, y tú? | 很好，你呢？ |
| ¿Ima sutiyki? | ¿Cómo te llamas? | 你叫什麼名字？ |
| X Sutiymi ...... | Me llamo ..... | 我叫…… |
| ¿Maimanta canqui? | ¿De dónde eres? | 你是哪裡人？ |
| ¿Haykataq kay? | ¿Cuánto cuesta esto? | 這個多少錢？ |
| ¿Haykataq chay? | ¿Cuánto cuesta eso? | 那個多少錢？ |
| Solpayki | Gracias | 謝謝 |
| Pampachaykuway | Lo siento / Perdón | 對不起 |
| Allin p'unchay kachun | Que te vaya bien / Que tengas un buen día | 祝你有個美好的一天 |
| Adiyús | Adiós | 再見 |
| Huq ratukama | Hasta luego | 待會見 |
| Pakarinkama | Hasta mañana | 明天見 |

# 參考資料

## 外文書籍：

*Discovering Peru the Essential Book*，作者：José Miguel
  Helfer Arguedas，出版社 : Ediciones Del Hipocampos S.A.C
  (2002)

*Todo Cuzco, Peru*，作者：文 —Alexandra Arellano，
  圖 — Neus Escandell-Tur y Alexandra Arellano，出版社 :
  Editorial Escudo de Oro, S.A.

*Todo Machu Picchu, Peru*，作者 : 文 — Henrique Urbano，
  圖 —Neus Escandell-Tur y Alexandra Arellano，出版社 :
  Editorial Escudo de Oro, S.A.

## Google 圖書：

*Ethnic Groups Worldwide: A Ready Reference Handbook*，作
  者：David Levin，出版社 : Greenwood Publishing Group

*Handbook of South American Archaeology*，編輯 : Helaine
  Silverman ; William Isbell

*Architecture and Power in the Ancient Andes: The Archaeology
  of Public Buildings*，作者 : Jerry D. Moore

外文網頁：

Lonely Planet

Viva Travel Guides

The Rough Guide to Peru

Frommer's

UNESCO Website

The People of the World Foundation

專題研究：

(1) Some "Young Towns" In Lima Not So Young Anymore August 16, 2011 in Peru. By: COHA Research Associate Daniel Whalen

(2) The Case of Lima, Peru（PDF）. By: DESCO, Gustavo Riofríoustav

# 祕魯位置圖

# 祕魯國情概要

首　　　都　：利馬

人　　　口 *　：30,445,000 ( 2015 年 7 月為止 )

面　　　積 *　：1,285,216 平方公里 ( 約 35.7 個台灣大
　　　　　　　小 )

宗　　　教 *　：羅馬天主教為主

官 方 語 言 *　：西班牙語 (84.1%)、凱楚阿語 ( 13%)、
　　　　　　　艾馬拉語 (1.7%)

海 岸 線 總 長　：2,414 公里

貨　　　幣　：新太陽幣／新索爾 ( Nuevo Sol )。1
　　　　　　　Nuevo Sol 大約 9.88 新台幣 (2015 年 7
　　　　　　　月資料 )

獨 立 紀 念 日　：7 月 28 日
／ 國 慶 日

鄰 國 國 家　：厄瓜多、哥倫比亞、巴西、玻利：維
　　　　　　　亞、智利 ( 從北到南順時針 )

與 台 灣 時 差　：慢台灣 13 小時

與台灣飛行距離　：台北─洛杉磯─利馬，飛行時間約
　　　　　　　21 至 23 個小時 ( 不含候機 )

* 根據 2015 年 CIA- The World Factbook 資料

# 祕魯國旗

祕魯共和國國旗從 1825 年 2 月 25 日開始使用,並沿用至今,
紅、白兩色主要象徵祕魯土地上曾有過的印加帝國黃金歲
月;紅色也代表那些為祕魯的獨立自由所流下的鮮血,而白
色則是和平、正義的象徵。

## 國旗中間圖徽:

◎ 左上角的小羊駝為祕魯稀有物種,也象徵這塊土地上的
物種豐富。

◎ 右上角為金雞納樹,原產於南美洲安地斯,其樹皮可提
煉奎寧,供治療瘧疾使用,金雞納樹也象徵祕魯的植物
生長茂盛、草木繁榮。

◎ 下方為溢出金幣的羊角,則是象徵祕魯土地擁有豐饒的
礦產。

# 祕魯地形圖

Trujillo
杜魯希有

Lima
利馬

Ica
伊卡

Pisco
皮斯科

Titicaca
的的喀喀

Arequipa
阿雷基帕

Tacna
塔克納

主要分為三個區域：太平洋海岸區、安地斯山脈區、亞馬遜河區

# 祕魯世界文化、自然遺產 (UNESCO)
## (書上介紹的相關地點)

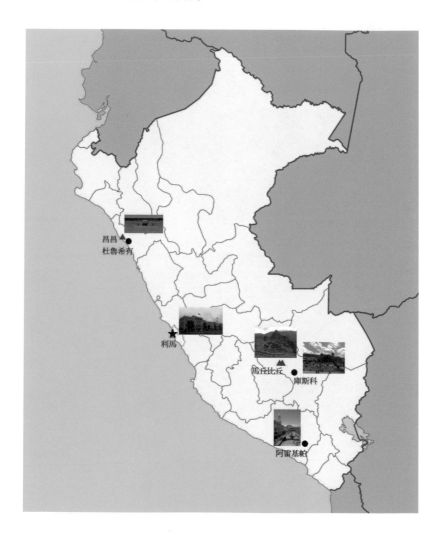

## 祕魯世界文化遺產：

◎ 庫斯科城 (1983)

◎ 昌昌考古遺址 (1986，已列為瀕臨危險)

◎ 利馬古城區 (1988)

◎ 阿雷基帕古城區 (2000)

◎ 印加古道運輸系統 (2014)

## 祕魯世界文化及自然遺產：

◎ 馬丘比丘 (1983)

## 祕魯世界遺產預備名單：

◎ 杜魯希有古城區 (1996)

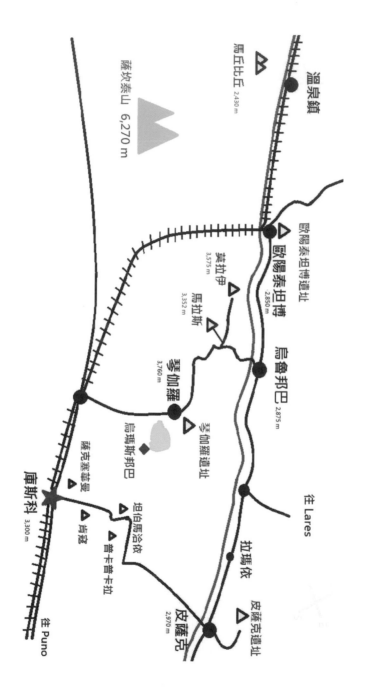

印加聖谷路線圖

溫泉鎮

馬丘比丘 2,430 m

薩坎泰山 6,270 m

歐陽泰坦博遺址

歐陽泰坦博 2,850 m

莫拉伊 3,575 m

馬拉斯 3,352 m

烏魯邦巴 2,875 m

琴伽羅 3,760 m

琴伽羅遺址

烏瑪斯邦巴

往 Lares

薩克塞華曼

坦伯馬洽依

普卡普卡拉

肯冠

庫斯科 3,300 m

往 Puno

拉瑪依

皮薩克 2,970 m

皮薩克遺址

縱觀天下

# 浪遊日記
## 穿越祕魯古文明之行

作　　　者：柯姿慧

發　行　人：王春申

編輯顧問：林明昌

營業部兼任
編輯部經理：高　珊

責任編輯：徐　平

封面設計：吳郁婷

校　　　對：趙蓓芬

出版發行：臺灣商務印書館股份有限公司

23150 新北市新店區復興路 43 號 8 樓

電話：(02)8667-3712　傳真：(02)8667-3709

讀者服務專線：0800056196

郵撥：0000165-1

E-mail：ecptw@cptw.com.tw

網路書店網址：www.cptw.com.tw

網路書店臉書：facebook.com.tw/ecptwdoing

臉書：facebook.com.tw/ecptw

部落格：blog.yam.com/ecptw

局版北市業字第 993 號

初版一刷：2014 年 11 月

初版二刷：2015 年 9 月

定價：新台幣 360 元

ISBN 978-957-05-2971-5

浪遊日記：穿越祕魯古文明之行 ╱ 柯姿慧 著. --初版.

--臺北市：臺灣商務, 2014. 11

面 ； 公分. --（縱觀天下）

ISBN 978-957-05-2971-5（平裝）

1.遊記 2.印加文化 3.祕魯

758.29                         103019978

廣 告 回 信
板 橋 郵 局 登 記 證
板橋廣字第1011號
免 貼 郵 票

23150
新北市新店區復興路43號8樓
**臺灣商務印書館股份有限公司  收**

請對摺寄回，謝謝！

# 傳統現代　並翼而翔

Flying with the wings of tradtion and modernity.

# 讀者回函卡

感謝您對本館的支持，為加強對您的服務，請填妥此卡，免付郵資寄回，可隨時收到本館最新出版訊息，及享受各種優惠。

□ 姓名：＿＿＿＿＿＿＿＿＿＿＿＿＿　　性別：□ 男　□ 女

■ 出生日期：＿＿＿＿＿年＿＿＿＿月＿＿＿＿日

□ 職業：□學生　□公務(含軍警)　□家管　□服務　□金融　□製造
　　　　□資訊　□人眾傳播　□自由業　□農漁牧　□退休　□其他

□ 學歷：□高中以下（含高中）□大專　　□研究所（含以上）

□ 地址：＿＿＿＿＿＿＿＿＿＿＿＿＿＿＿＿＿＿＿＿＿＿＿＿＿
　　　　＿＿＿＿＿＿＿＿＿＿＿＿＿＿＿＿＿＿＿＿＿＿＿＿＿

□ 電話：(H)＿＿＿＿＿＿＿＿＿＿＿(O)＿＿＿＿＿＿＿＿

□ E-mail：＿＿＿＿＿＿＿＿＿＿＿＿＿＿＿＿＿＿＿＿＿

□ 購買書名：＿＿＿＿＿＿＿＿＿＿＿＿＿＿＿＿＿＿＿

□ 您從何處得知本書？
　　　□網路　□DM廣告　□報紙廣告　□報紙專欄　□傳單
　　　□書店　□親友介紹　□電視廣播　□雜誌廣告　□其他

□ 您喜歡閱讀哪一類別的書籍？
　　　□哲學‧宗教　□藝術‧心靈　□人文‧科普　□商業‧投資
　　　□社會‧文化　□親子‧學習　□生活‧休閒　□醫學‧養生
　　　□文學‧小說　□歷史‧傳記

□ 您對本書的意見？（A/滿意　B/尚可　C/須改進）
　　　內容＿＿＿＿＿＿編輯＿＿＿＿＿校對＿＿＿＿＿翻譯＿＿＿＿＿
　　　封面設計＿＿＿＿＿價格＿＿＿＿＿其他＿＿＿＿＿＿＿＿＿

□ 您的建議：＿＿＿＿＿＿＿＿＿＿＿＿＿＿＿＿＿＿＿＿＿＿

※ 歡迎您隨時至本館網路書店發表書評及留下任何意見

**臺灣商務印書館　The Commercial Press, Ltd.**

23150新北市新店區復興路43號8樓　電話：(02)8667-3712
讀者服務專線：0800-056196　傳真：(02)8667-3709
郵撥：0000165-1號　E-mail：ecptw@cptw.com.tw
網路書店網址：www.cptw.com.tw　網路書店臉書：facebook.com.tw/ecptwdoing
臉書：facebook.com.tw/ecptw　部落格：blog.yam.com/ecptw